Introdução ao pensamento filosófico africano

SÉRIE ESTUDOS DE FILOSOFIA

Introdução ao pensamento filosófico africano

Ivan Luiz Monteiro

inter saberes

Rua Clara Vendramin, 58 . Mossunguê
CEP 81200-170 . Curitiba . PR . Brasil
Fone: (41) 2106-4170
www.intersaberes.com
editora@intersaberes.com

Conselho editorial
Dr. Alexandre Coutinho Pagliarini
Drª Elena Godoy
Dr. Neri dos Santos
Dr. Ulf Gregor Baranow

Editora-chefe
Lindsay Azambuja

Gerente editorial
Ariadne Nunes Wenger

Assistente editorial
Daniela Viroli Pereira Pinto

Preparação de originais
Gilberto Girardello Filho

Revisão de texto
Osny Tavares

Capa
Charles L. da Silva (*design*)
Nadia Grapes/Shutterstock (imagem)

Projeto gráfico
Bruno Palma e Silva
Sílvio Gabriel Spannenberg (adaptação)
pernsanitfoto/Shutterstock (imagem)

Diagramação
Kátia P. Irokawa Muckenberger

Equipe de design
Charles L. da Silva
Sílvio Gabriel Spannenberg

Iconografia
Celia Kikue Suzuki
Regina Claudia Cruz Prestes

Dados Internacionais de Catalogação na Publicação (CIP)
(Câmara Brasileira do Livro, SP, Brasil)

Monteiro, Ivan Luiz
   Introdução ao pensamento filosófico africano/Ivan Luiz Monteiro. Curitiba: InterSaberes, 2020. (Série Estudos de Filosofia)

   Bibliografia.
   ISBN 978-65-5517-581-3

   1. África - Civilização - Filosofia 2. Antropologia - Filosofia 3. Filosofia 4. Filosofia africana 5. Teoria do conhecimento I. Título II. Série.

20-35979   CDD-199.6

Índices para catálogo sistemático:
1. Filosofia africana   199.6

Maria Alice Ferreira - Bibliotecária - CRB-8/7964

1ª edição, 2020.

Foi feito o depósito legal.

Informamos que é de inteira responsabilidade do autor a emissão de conceitos.

Nenhuma parte desta publicação poderá ser reproduzida por qualquer meio ou forma sem a prévia autorização da Editora InterSaberes.

A violação dos direitos autorais é crime estabelecido na Lei n. 9.610/1998 e punido pelo art. 184 do Código Penal.

sumário

prefácio, 15
apresentação, 21
como aproveitar ao máximo este livro, 25
introdução, 29

1

**Fundamentos e temas
da filosofia africana, 36**

1.1 A filosofia africana como uma filosofia
moderna, 38

1.2 Pilares da filosofia africana, 38

1.3 Diáspora negra, 41

1.4 Conceito de negritude, 43

1.5 Pan-africanismo, 47

2 Investigação filosófica da etnofilosofia, 56
2.1 Conceito de etnofilosofia, 58
2.2 Filosofia bantu: Tempels e sua visão filosófica, 61
2.3 Séverine Kodjo-Grandvaux e a importância da etnofilosofia, 65
2.4 Paulin Hountondji: contra a etnofilosofia, 68
2.5 Alexis Kagame: os limites da etnofilosofia, 72

3 Investigação filosófica de Henry Odera Oruka e a filosofia da sagacidade, 80
3.1 Noção de filosofia do sábio, 82
3.2 Henry Odera Oruka: o registrar e a tradição oral, 84
3.3 Método da filosofia da sagacidade, 87
3.4 Masolo e Oseghare: críticos da filosofia do sábio, 88
3.5 Kwanzaa: multiculturalismo como síntese do pensamento africano, 94

4 Investigações, autores e a problemática da filosofia profissional, 104
4.1 Pensamento metafísico africano: a perspectiva *ubuntu*, 106
4.2 Epistemologia e ancestralidade: o papel da tradição no conhecimento, 108
4.3 A moralidade segundo o pensamento africano, 111
4.4 Implicações políticas da filosofia africana, 115
4.5 Estética negra, 118

5

Pensamento filosófico e independência das nações africanas, 130

5.1 Abrangência do conceito de descolonização para os ativistas na luta pela independência, 132

5.2 O humanismo na perspectiva de Julius Nyerere, 134

5.3 O pan-africanismo como marca de Kwame Nkrumah, 137

5.4 O socialismo africano de Kenneth Kaunda, 139

5.5 Ahmed Sékou Touré: o líder político como representação expoente da cultura de um povo, 142

6

Filosofia africana no Brasil, 154

6.1 Abdias do Nascimento e o legado pan-africano, 156

6.2 Renato Noguera e a afrocentricidade como fundamento da educação, 159

6.3 Henrique Cunha Junior e a tecnologia africana no Brasil, 160

6.4 Abolição inacabada e a formação afro-brasileira, 163

6.5 Tendências da negritude atual, 165

para concluir..., 177

referências, 179

bibliografia comentada, 189

respostas, 193

sobre o autor, 203

À minha ancestralidade, sem a qual jamais poderia ser o que sou.

Quero agradecer à minha esposa, Michele, e à minha filha, Isa, pela força e estímulo nas horas mais difíceis.

Agradecer às irmãs e aos irmãos de caminhada do Fórum de Combate ao Racismo – Araucária, que me permitiram aprender mais sobre meu povo.

Em especial, gostaria de agradecer a Marcia Reis, mulher preta que admiro imensamente, com a qual tive e tenho a honra de aprender sempre um pouco mais em todas as vezes que nos encontramos.

Por fim, gratidão ímpar ao meu irmão e parceiro de caminhada, prosas e projetos, Galindo Pedro Ramos, que aceitou prefaciar esta obra.

Como abelha se acumula sob a telha
Eu pastoreio a negra ovelha que vagou dispersa
Polinização pauta a conversa
Até que nos chamem de colonização reversa
[...]
A partir de agora é papo reto sem rodeio
Olha direto nos olhos de um preto sem receio
Dizem que eu cruzei a meta
Pra mim nem comecei

(Emicida)

prefácio

A **história da filosofia é temperada por divergências – a** começar pelo local de sua fundação. Será que devemos aos gregos esse conhecimento de inquietante especificidade? Segundo Asante (2014, p. 117), "existe uma crença comum entre os brancos de que a filosofia se origina com os gregos". Essa é uma atribuição recorrente, visto que muitos livros de história da filosofia iniciam pelo pensamento helênico, como se não houvesse civilizações anteriores aos gregos. A isso, soma-se a visão colonialista de que os povos anteriores aos gregos não tinham filosofia, passando a pensar racionamente sobre as questões fundamentais somente após o contato com a cultura helenista.

Entretanto, será que foi algum outro povo que teve a honra de inaugurar um saber tão abrangente? De fato, existem relatos de filósofos gregos que se aventuraram no Egito antigo para absorver as tradições daquele povo. Obenga (1990, p. 138, tradução nossa), ao traduzir hieróglifos egípcios, comprovou a existência de pensamento filosófico no Egito antigo: "até pouco tempo atrás, falar sobre filosofia africana parecia necessário usar aspas [...] sobre a palavra 'filosofia', ou sobre a palavra 'africana'". Mas por que os filósofos gregos estudaram na África? Podemos especular que, por ser a capital cultural do mundo antigo, a região concentrou pensadores e escritos de importância.

Com isso, não queremos aqui diminuir a contribuição ocidental, especialmente dos gregos, para a filosofia universal. Nosso interesse é demonstrar que o exercício da reflexão e do pensamento crítico e o desejo de conhecer e de explicar o mundo não foram prerrogativas apenas do modo de vida helenista, mas também de outras etnias, as africanas entre elas.

Historicamente, foi construída uma ideia de subjugação do pensamento negro, como se os negros não fossem capazes de criar, planejar, construir e desenvolver obras, ciências, medicina e filosofia. Para situar essa questão, os pensadores africanos Cheikh Anta Diop e Theóphile Obenga demonstraram, em 1974, que os antigos egípcios eram negros. Usando análises da ciência, da linguística, da antropologia e da história, os autores refutaram a ideia hegemônica e europeia de que trabalhadores africanos negros não teriam capacidade técnica para a construção das pirâmides, por exemplo.

Dessa forma, chegamos ao conceito de afrocentricidade, que revela que o sujeito africano foi o ator central da história africana, removendo a importância que se costuma dar à Europa. O negro como sujeito, e não como objeto, foi o responsável pela transmissão da cultura africana à descendência.

Asante (2009, tradução nossa) traz alguns questionamentos relacionados à afrocentricidade: "O que é melhor do que operar e agir segundo nosso próprio interesse coletivo? O que é mais gratificante do que enxergar o mundo com nossos próprios olhos? O que repercute mais nas pessoas do que compreender que somos o centro de nossa história e não qualquer um?"

Refletir é uma ação filosófica. O ato de filosofar é componente da natureza humana e, segundo Omoregbe (2002, p. 16), "Quando o ser humano reflete sobre questões fundamentais na busca por respostas, ele está filosofando".

O filósofo é um indivíduo que dedica parte de seu tempo a refletir sobre questões relacionadas à sua existência ou ao mundo a que ele pertence. Os filósofos estão espalhados pelo mundo todo, nos mais diversos povos desse globo, o que nos faz afirmar que a prerrogativa do filosofar não é apenas do Ocidente.

A esse respeito, Omoregbe (2002, p. 20, tradução nossa) afirma que "a habilidade para refletir de modo lógico e coerente faz parte da racionalidade humana" e que "não é necessário empregar os princípios aristotélicos ou russerlianos na atividade reflexiva para que ela possa ser considerada filosófica".

Cabe-nos concluir, portanto, que é falsa a afirmativa de que apenas os ocidentais empregam a razão formal. Muitos autores questionam as filosofias orientais pelo fato de elas não apresentarem argumentação. Porém, o cerne da filosofia não é o argumento, e sim o viés reflexivo.

Por muito tempo, a filosofia africana não contava com relatos escritos. Por isso, grande parte de sua produção se perdeu. Entretanto, fragmentos de seus pensamentos e pensadores foram transmitidos de outras maneiras: por meio da oralidade, de provérbios e da religiosidade. É importante destacar que a filosofia africana não está somente ligada à África antiga. Existem grandes pensadores africanos contemporâneos, que necessitam ser conhecidos pela academia e por leitores leigos, tais como:

- **Sophie Oluwole (Nigéria)** – Primeira mulher doutora em Filosofia da Nigéria, dedicou sua vida a pesquisar a oralidade tradicional do ifá, religião praticada, entre outros povos, pelos iorubás, defendendo que essa manifestação religiosa tem uma base filosófica.

- **Marie Pauline Eboh (Nigéria)** – Reagiu ao sexismo presente na filosofia, buscando a inserção e a valorização do pensamento feminino, ao qual chama de *filosofia ginista*.

- **Léopold Sédar Senghor (Senegal)** – Um dos responsáveis por desenvolver o conceito de negritude.

- **Henry Odera Oruka (Quênia)** – Pensou a filosofia africana em quatro elementos: etnofilosofia, sagacidade filosófica, filosofia ideológica nacionalista e filosofia profissional.

- **Cheikh Anta Diop (Senegal)** – Um dos principais contestadores da visão de que a cultura africana está baseada na emoção, e não na lógica.

- **Ebiegberi Alagoa (Nigéria)** – Pautava a existência de uma filosofia a partir de provérbios do delta do Rio Níger.

- **Achile Mbembe (Camarões)** – Considerado o maior pensador africano da atualidade. Para ele, a raça transforma-se em fator determinante para a instituição e a conservação de uma política de morte, especialmente da população negra.

Dialogar com o pensamento vindo do continente africano é especialmente importante para a negritude brasileira. Por meio da riqueza intelectual daquele continente, é possível iniciar um processo de reinterpretação em que os negros se tornem protagonistas de sua própria história. Além da autocompreensão, o povo negro deve ser positivado no contexto escolar e na sociedade em geral. Conforme Ribeiro (2019, p. 307), "a partir da consideração de que o conhecimento, a cultura e a organização social produzidos pela população negra são tão válidos e importantes quanto aqueles produzidos pela configuração moderna-ocidental".

Essa obra permitirá conhecer a história da filosofia sob uma perspectiva afrocentrada, não eurocêntrica. Será desafiador compreender conceitos que, no Ocidente leigo, acabaram estigmatizados, como diáspora negra, pan-africanismo e negritude. Passearemos por correntes de pensamento inovadoras, como a filosofia da sagacidade, a filosofia *ubuntu*, a metafísica *ubuntu*. Seremos conduzidos por pensamentos que ampliarão nosso ponto de vista.

Na área da educação, percebemos que o recurso da autodeclaração – utilizado para validar benefícios derivados de políticas afirmativas – vem-se consolidando como uma questão de reconhecimento identitário e de pertencimento. Ao abordar a filosofia sob um viés antirracista, incorporamos o valor educacional de promover as faculdades morais do ser humano.

Esse processo não é simples, especialmente considerando o contexto brasileiro. A ideologia de branqueamento e o mito da democracia racial ainda estão arraigados à sociedade brasileira, dissipando a falácia de que a população negra não contribuiu para o desenvolvimento do país. Em alguns nichos, sobrevive a ideia de que é necessário estabelecer uma população miscigenada branca em nosso território. E de forma ainda mais surpreendente, alguns entendem que negros e brancos vivem aqui em completa harmonia.

Por isso, é importante incluir a história e a cultura afro-brasileira e africana nos currículos da educação básica, conforme previsto na Lei n. 9.394, de 20 de dezembro de 1996 (Brasil, 1996), que estabelece as diretrizes e bases da educação nacional, alterada pela Lei n. 10.639, de 9 de janeiro de 2003, que inclui no currículo oficial da rede de ensino a temática "História e Cultura Afro-brasileira" (Brasil, 2003). Consideramos a escola um espaço fundamental para eliminar as discriminações e emancipar grupos discriminados, pois ela proporciona o acesso aos conhecimentos científicos, a registros culturais diferenciados e à conquista da racionalidade que rege as relações sociais e raciais, bem como a conhecimentos avançados, indispensáveis para a consolidação das nações como projetos de democracia e igualdade.

Galindo Pedro Ramos
Técnico Pedagógico do Departamento da Diversidade e Direitos Humanos da Diretoria da Educação da Secretaria de Estado da Educação e do Esporte do Paraná e membro integrante do Conselho Estadual de Promoção da Igualdade Racial do Paraná (Consepir).

apresentação

Quem inventou a filosofia? Podemos atribuir a um único povo a honra de inaugurar um saber de caráter tão abrangente? Será que o Oriente tem uma forma específica de pensar? Este livro busca apresentar tais questões sob uma perspectiva distinta. Não vamos à África como berço da filosofia, porém defenderemos que a filosofia africana apresenta um pensamento rico, correto e singular. Esta obra tem o objetivo expresso de servir como exposição panorâmica dos principais autores e posicionamentos do pensamento filosófico africano. Mais que elencar nomes, lugares e datas, vamos analisar problemas e soluções que permanecem ao largo da tradição filosófica ocidental. Como em toda seleção de pensamentos e pensadores, sistematizamos o conteúdo com certa arbitrariedade. Foi a forma que encontramos para limitar a ampla quantidade de informações e suas complexidades intrínsecas. Vez ou outra, os temas parecerão carentes de uma abordagem verticalizada. Porém, ainda que de forma panorâmica, enalteceremos a relação entre o sujeito e seu meio para a interpretação da realidade.

No Brasil, nossa formação como povo nos estimulou a emular uma identidade europeia ou estadunidense. Já a filosofia que pretendemos introduzir é uma episteme embasada em várias etnias do continente africano, que busca romper com um modelo de identificação.

Em todos os locais do mundo que registram a presença do negro, seja como povo, seja em decorrência da diáspora, é possível, a partir deles, compreender as dimensões ontológicas, metafísicas, lógico-discursivas, gnosiológicas, éticas e estéticas próprias dos africanos.

como aproveitar
ao máximo este livro

Empregamos nesta obra recursos que visam enriquecer seu aprendizado, facilitar a compreensão dos conteúdos e tornar a leitura mais dinâmica. Conheça a seguir cada uma dessas ferramentas e saiba como elas estão distribuídas no decorrer deste livro para bem aproveitá-las.

Introdução do capítulo

Logo na abertura do capítulo, informamos os temas de estudo e os objetivos de aprendizagem que serão nele abrangidos, fazendo considerações preliminares sobre as temáticas em foco.

Síntese

Ao final de cada capítulo, relacionamos as principais informações nele abordadas a fim de que você avalie as conclusões a que chegou, confirmando-as ou redefinindo-as.

Indicações culturais

Para ampliar seu repertório, indicamos conteúdos de diferentes naturezas que ensejam a reflexão sobre os assuntos estudados e contribuem para seu processo de aprendizagem.

Atividades de autoavaliação

Apresentamos estas questões objetivas para que você verifique o grau de assimilação dos conceitos examinados, motivando-se a progredir em seus estudos.

Atividades de aprendizagem

Aqui apresentamos questões que aproximam conhecimentos teóricos e práticos a fim de que você analise criticamente determinado assunto.

Bibliografia comentada

Nesta seção, comentamos algumas obras de referência para o estudo dos temas examinados ao longo do livro.

introdução

A **identidade de uma pessoa provém de uma série de** elementos, dispostos de forma que dele possam ser abstraídas as características ditas *primárias*, ou seja, que são comuns. Por isso, eu, você, seu irmão, seu pai, os cariocas, os senegalenses e os japoneses somos todos identificados a partir do conceito de humanidade, isto é, somos seres pertencentes à espécie humana.

Ao mesmo tempo, não é preciso esforço para perceber que somos diferentes. A questão que surge, então, é: Como espécie, em que os humanos são iguais e em que são diferentes? Você, certamente, percebe-se mais semelhante aos seus parentes que a outras pessoas. Também percebe que os costumes mudam conforme a região do país.

Ao analisarmos o outro, compreendemos a nós mesmos. Se refletirmos sobre a identidade negra, compreendendo-a como distinta, veremos que a comunidade negra teve dificuldade em enaltecer a própria cultura e, consequentemente, em afirmar sua identidade.

Mas qual é a razão de os afro-brasileiros não procurarem identificá-la e enaltecê-la? Devemos lembrar que, nessas etnias, a teoria e a lógica são derivadas da transmissão oral de fatos históricos e lendas. Feita essa ponderação, certamente podemos dizer que houve, sim, uma busca por identificação e manutenção do vínculo com a ancestralidade afro. No entanto, como a cultura hegemônica sempre procurou laços com a europeia, todo conteúdo não proveniente do velho continente era visto de forma pejorativa, como sem importância, ou mesmo negativa, como um mal para a sociedade.

Apresentamos três contextos que corroboram nossa análise: os parentes diretos do indivíduo negro, os tratamentos medicinais e os rituais religiosos da comunidade afro.

Se o negro brasileiro recém-nascido era filho de pai branco, isso não impactava sua identidade, ou seja, ele não herdava a identificação paterna. Não era raro que homens relativamente pobres tivessem mulheres negras como concubinas ou mesmo esposas. A maternidade identificava o sujeito mesmo após a lei de abolição da escravatura. Tendo mãe negra, portanto, o indivíduo forçava-se a adotar a identidade negra, como se isso fosse uma marca corruptiva de sua personalidade. Já os casamentos de mulheres brancas com homens negros eram interditados, vistos como antinatural pela sociedade racista.

Sabemos que muitas práticas medicinais populares derivam do conhecimento trazido da África, sendo passadas de geração em geração até a atualidade. O uso de ervas para cura foi intensamente replicado no Brasil, pois os negros encontraram na flora atlântica vários espécimes em comum com a vegetação subsaariana.

Junto ao remédio, fazia-se uma série de orações, incorporadas à cultura brasileira como benzimento. Toda cura fora da medicina "oficial" era vista como um ato de bruxaria. O mau juízo sobre esse processo de cura depunha contra os indivíduos que a praticavam. Se alguém da comunidade branca recorresse a tais práticas, assim agia de forma velada.

Devemos questionar por que, mesmo após a abolição da escravatura, um processo de cura praticado por orações de pretos velhos ou mãe velha continuavam a ser condenados. Talvez a Igreja desaprovasse qualquer oração feita em nome de uma entidade diferente, em uma língua distinta. Contudo, esse tipo de resposta somente arranharia a superfície do problema. Para a sociedade da época, tudo o que vinha da prática ou do pensamento afro era visto, no mínimo, com desconfiança. Assim, durante muito tempo, o negro e a comunidade afro foram relacionados a atos que precisavam ser corrigidos.

Portanto, uma resposta mais aprofundada requer a análise da noção de "raça". Munanga (1996), ao abordar filologicamente o termo *raça*, ressalta que essa palavra foi inicialmente cunhada para uma classificação zoológica e botânica. Com o advento do Iluminismo, houve uma necessidade de repensar o termo. A busca era por estabelecer diferenças empíricas percebidas entre os grupos humanos que os europeus passaram a conhecer.

Munanga (1996) mostra como fracassaram as tentativas de conceituar *raça* no campo da genética. Muitas vezes, indivíduos bem próximos apresentam mais diferenças genéticas que pessoas apontadas como pertencentes a raças distintas. A noção de raça, apesar não ter fundamento na ciência biológica, nem humana (antropologia, sociologia, história etc.), persiste como fato real e inquestionável em determinados sistemas de crença leigos. Para o senso comum, bem como para certas esferas da sociedade civil, o conceito de *raça* é o mesmo que o de *parede de tijolos*: descreve algo certo, verdadeiro e inequívoco.

Mas o que devemos entender no emprego de tal conceito? Será mesmo que o termo *raça*, no caso do ser humano, descreve uma ideia distinta e evidente? Ou será que se trata apenas de uma forma de estabelecer um discurso, uma ideologia, em que se emprega o termo para sugerir um viés de "cientificidade" a mero preconceito? Talvez, o objetivo seja apenas fazer acreditar que os negros seriam inferiores aos brancos, servindo-se, para tanto, de um argumento pseudocientífico, no qual a noção de raça é a pedra de toque.

Essa distinção ultrapassava a questão dos traços físicos, servindo de base para classificar axiológica e esteticamente determinados grupos, como se fosse lógico dizer que certo formato de nariz e dada textura de cabelo implicassem comportamentos específicos.

Fatalmente, o abandono de uma discussão séria e criteriosa sobre esse tema nos espaços educacionais parece apontar para a concepção de etnia como restrita ao ambiente acadêmico – longe, portanto, dos debates do cotidiano. As propostas atuais para o conceito de raça estão limitadas à biologia. Esvaziado para as ciências humanas, o termo vem sendo substituído pela concepção de etnia. Esse conceito exige o esforço adicional de compreender a dimensão social de determinada cultura, sua história e forma de perceber o mundo. A *etnia* representa a forma e os elementos pelos quais certo grupo de indivíduos reconhece a si como um povo. Nesse sentido, a origem mitológica ou histórica de uma etnia é partilhada pelos sujeitos que se reconhecem a partir dela. Identificam um antepassado primário e comum, usam um mesmo idioma e, acima de tudo, partilham valores e crenças, como a religiosidade, a cosmologia e a ética. Sob essa ótica, o emprego do termo *raça* deveria significar tão somente o conjunto de características físicas de determinados grupos, e ainda sob a ressalva da artificialidade das "cores" humanas (branca, parda, amarela e negra).

Ações afirmativas, como a obrigatoriedade do ensino da história da África e da cultura afro nas escolas do país, as cotas para vestibulares e concursos públicos e a legalização territorial das comunidades quilombolas podem ser um fator de valorização e resgate das várias etnias negras esquecidas. O negro de hoje tem a possibilidade de se insurgir contra os vários anos de desprezo da cultura e da identidade africana, ainda que, inicialmente, apenas no plano teórico. Carregando o peso de sua ancestralidade, ele pode afirmar-se como indivíduo de direitos e deveres, que quer e deve ser reconhecido como pilar da sociedade brasileira.

Por fim, a ideia de negro na sociedade brasileira é forjada a partir de preconcepções. A malfadada acepção de *raça* termina por ditar a noção geral de *negro*. Nosso passado escravocrata e idealizador do europeu não deu grande importância aos conhecimentos e valores de outros povos. A balança dos costumes e saberes tende a pender para o lado dos chamados "valores da civilização", ou seja, dos hábitos europeus.

Longe de pretender homologar qualquer discurso vitimador, devemos compreender quais são os principais (pré) juízos incorporados à ideia do negro no Brasil contemporâneo. Não é absurdo afirmar que boa parte dos afro-brasileiros ignoram elementos de sua identidade.

Se, na sociologia e na antropologia, o termo *negro* é encarado como afirmação identitária, o mesmo não ocorre na vida cotidiana. O senso comum reproduz diversos equívocos sobre a identidade negra. É, portanto, construído mais por ignorância que por pesquisa empírica e reflexão racional.

Entre os preconceitos relacionados ao negro, podemos citar as seguintes afirmativas:

- Existe uma raça negra, em sentido biológico.
- Os negros são incivilizados.
- A incivilidade dos negros advém de sua capacidade mental inferior.
- Em razão do porte físico, os negros são melhores para o trabalho manual.
- Negros são dóceis.
- Negros destacam-se naturalmente em áreas como esportes e música.

A indiscriminação dos cativos no porto de embarque tornou difícil traçar a árvore genealógica de seus descendentes. De maneira geral, o negro contemporâneo não sabe a qual povo pertenceu, desconhecendo a multiplicidade cultural do continente africano. A acepção de etnia, portanto, nos deixa mais próximos de compreender a identidade desses grupos humanos.

A afirmação sobre a incivilidade dos negros ocorre pelo não reconhecimento do modo de vida desse povo. Os dominadores escravistas trataram de negar qualquer modelo ou ideia advinda da visão de mundo dos cativos, tachando-os como *bárbaros*. O argumento falso costuma apresentar a seguinte estrutura: o homem, como ser racional, transforma a natureza por meio da ciência e da técnica aperfeiçoada. Na comunidade dos negros, não há produtos de conhecimento científico e tecnológico. Logo, isso serve de prova da pouca inteligência desses povos.

Esse juízo é equivocado em diversos pontos. A transformação do ambiente, a significação da ciência e o sentido de tecnologia são premissas facilmente refutáveis, bastando algum esforço crítico. Além disso, podemos verificar que a visão de que os negros seriam pouco inteligentes deriva de uma comparação com a cultura dos europeus colonizadores. E, nesse emparelhamento, os europeus adotam a si mesmos como medida do humano e do mundo.

No período escravocrata, considerações sobre a capacidade física do negro tinham o objetivo de estimular a compra das "peças", isto é, dos escravos. O corpo dos negros, afirmavam, era especialmente adaptado para o trabalho bruto. Embora hoje o trabalho forçado não seja o principal embasamento para raciocínios semelhantes, ainda comenta-se que os negros são, por exemplo, ótimos esportistas, pois seus corpos parecem ter sido, igualmente, "feitos para isso".

Não vamos analisar criticamente tais afirmações, apenas refletir sobre sua validade, levando em conta que esta pressupõe existir um tipo de humano biologicamente moldado para determinada tarefa.

As afirmações sobre o caráter moral dos negros também são retificadoras do racismo. Mesmo as que parecem positivas repousam em princípios nada desinteressados. Em outros tempos, não era incomum elogiar a "docilidade" de um negro. Na verdade, estava-se exaltando a eficácia da escravização, que teria sido capaz de tornar o sujeito submisso. Cativo ou não, o sujeito era dócil ("bonzinho") porque não questionava o que lhe era imposto.

Tais elementos do ideário social auxiliam a entender a visão histórica sobre os negros no Brasil. Inquirir sobre fatos e valores do passado nos ajuda a compreender como certo conceito foi manejado em determinado período e quais estratégias continuam a ser usadas. Na problemática atual, podemos destacar a questão das cotas raciais. As ações afirmativas são benéficas ou não para o conjunto da nação? Quais foram as razões que levaram a indicar as cotas como uma forma de amenizar desigualdades sociais?

A investigação teórica é um caminho para continuarmos a construir saberes sobre a comunidade afro no Brasil e sobre a identidade negra brasileira. Dado o princípio da investigação, esta obra foi pensada para motivá-la. Para isso, não desenvolvemos temática original, optando por apresentar correntes e autores da tradição da filosofia africana, cujos estudos e conhecimento – ainda que de pouco alcance – apresentam a relevância do pensamento filosófico africano.

No entanto, toda seleção também é renúncia. Dito isso, quis o destino que, depois da elaboração dessa obra, travássemos contato mais aguçado com nomes como os de Angela Davis e Bell Hooks, no cenário internacional; e de Conceição Evaristo e Sueli Carneiro, no cenário brasileiro. Essas mulheres, além de personalidades notórias, promovem um profundo saber sobre muitos aspectos da temática africana e afrodiaspórica. Dessa forma, optamos por guardar a explanação das investigações e contribuições específicas dessas admiráveis pensadoras para outro momento.

Por fim, queremos ressaltar que selecionamos pensadores e escritores africanos que se dedicaram a expandir o pensamento da região para a reflexão sobre todas as questões da existência.

1

Fundamentos e temas da filosofia africana

Neste primeiro capítulo, vamos analisar a inserção da filosofia africana no *corpus* da história da filosofia geral. Para isso, investigaremos as bases filosóficas proponentes da modernidade. Assim, você reconhecerá os eixos temáticos que interessaram aos filósofos africanos. Buscaremos demonstrar que a negritude, a diáspora negra e o pan-africanismo formam a tríade teórica que sustenta a condição de possibilidade do pensamento filosófico africano.

1.1
A filosofia africana como uma filosofia moderna

A filosofia africana é parte do corpo que se convencionou chamar de *filosofia da modernidade*. Para relembrar: esse período compreende desde o movimento renascentista até o marco histórico da tomada da Prisão da Bastilha pelos revolucionários franceses, em 1789. Entretanto, devemos lembrar, tal como Lewis R. Gordon (2008), que a determinação de modernidade é subjetiva, pois o conceito não está restrito a datas. Para fundamentar a problematização filosófica de que estamos tratando, vamos considerar como modernidade os séculos XVII e XVIII, mas ressaltando que o ambiente da modernidade se estende até nossos dias.

A filosofia africana é dita *moderna* porque desponta como crítica ao processo colonizador e escravizador iniciado a partir da expansão comercial europeia. Essa expansão ocorreu à custa da escravização de grupos éticos e de povos inteiros capturados na África. O tráfico negreiro revelou uma racionalidade perversa, que almejava justificar o tratamento dado àqueles seres humanos. A filosofia africana vai contrapor-se a esse pensamento desde esse momento e a cada vez que as ideologias racistas ressurgem.

1.2
Pilares da filosofia africana

Como comentado anteriormente, os filósofos e as filósofas africanos(as) e/ou africanistas[1] têm como fundamento epistêmico a tríade conceitual

---

1 O termo *africano(a)* aqui se refere ao gentílico do indivíduo nascido na África. A palavra *africanista* indica o(a) pesquisador(a) que tem a África como objeto de estudo.

formada pela diáspora negra, pelo conceito de negritude e pelo pan-africanismo. Portanto, falar de filosofia africana requer ponderar a história e a conjuntura do povo negro. Não se trata apenas de investigar o passado africano, mas, sobretudo, de refletir criticamente sobre os nós da depredação material e cultural daquele continente. É preciso adotar uma postura intelectual distinta daqueles que subjugaram e continuam a tentar imprimir sua lógica dominante ao mundo. Eis o legado da filosofia africana que tentaremos elucidar a partir de agora.

O tema da diáspora negra não está limitado à escravização de seres humanos. Trata-se, antes de tudo, de um debate político, pois os exilados levaram tradições, saberes e vivências culturais para territórios distintos do original.

Para Hallen (2002), o saber canônico ocidental faz da filosofia a mais privilegiada das disciplinas, principalmente pelo papel que ela determinou a si própria, de "guardiã da autoimagem do conhecimento histórico e cultural do ocidente" (Hallen, 2002, p. 70, tradução nossa). Afinal, como observa o autor,

> Se esse não fosse o caso, não haveria debate sobre "filosofia africana". Assim, qualquer discussão da filosofia africana envolve, necessariamente, confrontar essa privilegiada autoimagem. É esse confronto que problematiza o "africano" e força sua desconstrução / reconstrução em suas relações de diferença com "Europeu". Mas esse confronto deixa os campos complexos e as histórias do filosofar no Ocidente – passado, presente e futuro – para sempre alteradas, maneiras semelhantes (porque parte e parcela) às alterações de ordem sociopolítica, paisagens que envolvem o Ocidente, a África e a diáspora africana. A fraudulenta monarquia da filosofia greco-europeia não existe mais. (Hallen, 2002, p. 70, tradução nossa)

A diáspora negra embasa um cânone de interesse histórico e contemporâneo intercultural, construindo um fundamento e um referencial para a filosofia africana. Assim, a afrodiáspora eiva a tradição filosófica daquele continente de espírito de combate, buscando refutar rótulos como *desconhecida, irracional* ou *incognoscível*. Dessa forma, aqueles que praticam a filosofia na África e sobre a África enfrentam o monopólio ocidental da cultura (Hallen, 2002).

O conceito de negritude é mais específico. Sua definição é atribuída a dois célebres africanistas: Aimé Césaire (1913-2008) e Léopold Sédar Senghor (1906-2001), que apresentaremos a seguir.

Para Gordon (2008), o desenvolvimento de uma teoria do pertencimento, capaz de tornar o percurso da emancipação mais coerente, exigiria a contribuição da filosofia afro-americana acadêmica. O conceito de negritude seria parte desse esforço. Além disso, também seria necessário destacar as lutas contra o racismo, a necessidade de ambientes afirmativos aos negros, o desenvolvimento de uma filosofia antirracista e a interpretação detalhada da filosofia africana. E para essas tarefas, o conceito de negritude é fundamental.

A ideia de negritude responde ao retrocesso da complexidade inerente à vida humana. Trata-se de trazer à tona a problemática da definição do ser, ocasionada pelo conflito de interpretações. Diante da ideia de negritude, até mesmo a história negra (ou toda a história) deve ser vista como um conjunto de experiências e documentos de difícil interpretação, evitando uma tipificação que traz consigo as bases para a hierarquização (Jonhson citado por Gordon, 2008).

A dimensão pan-africanista do pensamento africano nos permite perceber o quanto de África encontra-se em cada um dos povos. Entretanto, não visa apenas ao pertencimento. Os valores pan-africanos envolvem o reconhecimento da irmandade, da lealdade e da resistência. Saber-se pertencente do povo negro é motivo de orgulho, uma partilha de valores essenciais à harmonia da espécie humana.

1.3
Diáspora negra

A diáspora negra refere-se, primeiramente, às vivências de diversas etnias africanas dispersas pelo mundo por causa da escravidão. Também reflete sobre a realocação de povos no próprio território africano. Como lembra Gordon (2008), a filosofia africana apresenta um constante crescimento. Filósofos profissionais somam pesquisas e argumentos ao trabalho de pioneiros como Lucius Outlaw, Leonard Harris e William R. Jones, pensadores que contribuíram para a metafísica da diáspora. Suas teses, embora inovadoras, não encerram a questão.

> A tarefa em questão transcendeu a história da filosofia, exigindo uma interrogação da distinção entre trabalho histórico em filosofia e com significado no contexto da diáspora africana, um ato de desvelamento. Uma vez que o pensamento revelado é aquele que já existe há algum tempo, a história a ser contada é de desaparecimento e reaparecimento. Mas o que retorna não é exatamente como antes. Não havia, afinal de contas, uma discussão panorâmica da filosofia diaspórica africana como oferecida aqui. Com efeito, essa organização do que tem sido é o avanço de algo novo. (Gordon, 2008, p. XI, tradução nossa)

O tema da diáspora, portanto, é mais um ponto de mobilização, resistência, consolidação e efetivação da pessoa negra na sociedade pós-moderna. O pensamento filosófico africano considera as várias formas híbridas de culturas, opondo-se à sua homogeneização.

Você deve compreender que não havia razão para os povos do continente africano se considerarem africanos até essa identidade lhes ser imposta pela colonização europeia. A partir dessa rotulação, a filosofia africana passa a considerar as questões levantadas pelo surgimento de "africanos" após a diáspora.

Durante a Década Internacional de Afrodescendentes[1] (2015-2024), a reflexão identitária sobre o indivíduo negro e a comunidade negra no mundo ganhou evidência. Esse projeto da Organização das Nações Unidas (ONU) tratou de exaltar as diferentes contribuições dos povos africanos para a humanidade. Aos brasileiros, essa declaração forneceu uma base para pensar e repensar a identidade nacional, seja de maneira teórico-escolar, como determina a Lei n. 10.639, de 9 de janeiro de 2003 (Brasil, 2003), seja em âmbito prático – pessoal e coletivo –, buscando identificar o quanto de africano há em nossa cultura. Essa reflexão serve para entendermos que, a exemplo de outras nações, "o Brasil também começa na África" (Silvério, 2013, p. 7). Assim, podemos assumir que há um prolongamento da África em solo brasileiro.

Em razão do peso africano na construção da identidade brasileira, devemos investigar quais povos formaram as principais correntes de migração forçada para cá. Além de traçar nossas raízes, buscamos condições de apontar os equívocos em teses unilaterais sobre os negros, as quais continuam a se replicar em leituras contemporâneas, motivando prejulgamentos e condutas segregacionistas na sociedade atual.

Ao investigarmos os povos africanos ainda em sua pátria, buscamos compreender sua identidade própria anterior à escravização – uma consciência de si mesmos que perpassava o âmbito da comunidade à qual estavam inseridos. Encontramos profundas diferenças entre os grupos,

---

1 Trata-se de declaração da comunidade internacional, por meio da ONU, que aponta: "Ao declarar esta década, a comunidade internacional reconhece que os povos afrodescendentes representam um grupo distinto cujos direitos humanos precisam ser promovidos e protegidos. Cerca de 200 milhões de pessoas auto identificadas como afrodescendentes vivem nas Américas" (ONU, 2020).

uma vez que havia diferentes níveis de desenvolvimento tecnológico e social. Devemos, no entanto, considerar que a identificação do indivíduo com seu povo é complexa. Simplificações acabam descaracterizando a noção de pertença a uma comunidade étnica. Segundo Silvério (2013, p. 12), nosso país ainda ignora a "África brasileira". Diante disso, é papel do educador esclarecer sobre a constituição do povo a que pertencemos. As diferenças entre os povos africanos são percebidas já na verificação de biotipos. Um olhar mais aguçado nos revela, também, diferenças na formação intelectual e na posição social. No entanto, tais concepções de identidade, de sujeito e de comunidade foram desfeitas no negro tornado escravo, substituídas por uma catalogação homogeneizante, que o reduziu à mera coisa. E, por ser coisa, o negro foi impedido de carregar qualquer marca ou manifestação cultural.

1.4
Conceito de negritude

O conceito identitário de negritude nasce da necessidade de criar um sentimento de pertença que reconecte o povo da diáspora negra entre si e ao presente. Tal ideia foi, e continua sendo, comunicada em várias áreas, como poesia, literatura, escultura, engenharia, política etc. Como opção ideológica, decorre, em grande parte, da vivência e da observação antropológica sob a perspectiva negra, que busca entender como a sociedade percebe o negro e qual é o lugar que destina a ele. A poesia de Aimé Cesairé e Léopold Sédar Senghor expressa essa intenção. Grandes nomes da literatura mundial são tidos como os responsáveis pela origem conceitual do termo *negritude*.

Para Irele (citado por Coetzee; Roux, 2003), a poesia desses e de outros escritores em língua francesa é crucial para entender a negritude como sentimento. Sob essa ótica, podemos perceber que os escritos não ficcionais dos intelectuais negros de língua francesa correm em grande parte paralelos à literatura. São determinados pelos mesmos sentimentos e, consequentemente, são formulações em geral de uma língua centrada em ações e expressões, em simbologia e composições criativas, com preferência para estilo direto. A distinção reside no fato de que, enquanto as obras literárias simplesmente expressam essas atitudes, os escritos não literários as formulam e definem. A maioria dos livros, ensaios, artigos e discursos que constituem o que pode ser chamado de escritos ideológicos de negritude são polêmicas diretas: escrita de protesto, testemunhos e ataques diretos ao colonialismo. Um exemplo típico é o ensaio de Albert Tevoedjre, L'Afrique révoltée [A África revoltada], que é uma denúncia violenta do domínio colonial, com referência particular ao Daomé, o lugar de origem do autor. "Mesmo aqui, a principal fonte de injustiça parece ser cultural e não econômica ou social: eu sempre lamentarei o fato de ter sido obrigado a aprender francês primeiro; pensar em francês enquanto sou ignorante na minha própria língua materna. Sempre lamentarei o fato de que alguém quisesse me fazer estrangeiro em meu próprio paíst65". Um ataque ainda mais contundente ao colonialismo é o famoso panfleto de Césaire, Discours sur le Colonialisme [Discurso sobre o Colonialismo], que aborda a questão em termos originais, demonstrando os efeitos perversos sobre o colonizador e colonizado de um sistema que limita a ideia do homem, como promotor de valores, para o Ocidente: "Nunca foi o oeste, mesmo no momento em que ele gritou a palavra mais alto, mais distante de poder assumir as responsabilidades do verdadeiro humanismo-humanitário de âmbito mundial". Não bastava, no entanto, denunciar o colonialismo; também foi recorrente e necessário contestar suas fundações, e especialmente as ideias raciais e culturais pelas quais foi racionalizado. (Irele citado por Coetzee; Roux, 2003, p. 44, grifo nosso, tradução nossa)

Aimé Fernand David Césaire, um dos fundadores da negritude, nasceu na Martinica, em 1913. Influente poeta e pensador ativo na causa negra, enfatizou que a exploração econômica fez com que a população negra se determinasse como fragilizada. É importante perceber que essa ideia de si, ainda que equivocada, demandou uma consciência de grupo anterior.

A memória da escravidão, portanto, tem um significado particular para os escritores negros, especialmente os do Caribe – região que, lembremos, foi um dos maiores destinos do tráfico de escravos. Césaire (1978, p. 26) narra: "E nos venderam como bestas e contaram nossos dentes... e examinaram nossos genitais, sentiram o brilho e a aspereza de nossa pele, nos apunhalaram, pesaram-nos e puseram ao redor do pescoço como animais a correia da servidão e do apelido". Para o escritor, a função do homem negro na história ocidental foi a de ferramenta econômica. Aqui, percebemos uma aproximação entre a teoria de Césaire (1978) e a tese de Karl Marx sobre o proletariado e a luta de classes, pois o pensador africano entende que houve, ao longo da história, "o rebaixamento do negro a uma coisa" (Césaire, 1978, p. 26). Apesar disso, o interesse de Césaire e de Senghor é conceituar o negro como uma **raça**, e não como classe. Para isso, a negritude surge como imagem coletiva do negro no Ocidente.

Senghor (citado por Coetzee; Roux, 2003) chegou à presidência do Senegal após o país conquistar a independência em relação à França. Dessa forma, percebemos que a acepção da negritude, tal como apontada por Césaire, apresenta um poder político bastante forte. Ao recusar a dominação política e cultural ocidental, a negritude representou uma quebra nos privilégios que esta havia estabelecido para si.

Mas como o conceito de negritude provoca essa ruptura? Principalmente pela reestruturação ou transvaloração dos valores que promovem a libertação em relação aos valores ocidentais. A revolução proposta por Irele (citado por Coetzee; Roux, 2003) adota a ideia de negritude como ferramenta de autodistinção do negro. A busca de novos valores leva à autoidentidade em termos não ocidentais. A associação entre a raça negra e a África adquiriu novo sentido, expressado no excerto a seguir:

> um homem solitário trancado em branco
> um homem que desafia gritos brancos de morte branca
> TOUSSAINT TOUSSAINT
> LOUVERTURE
> Ele é um homem que enfeitiça o falcão branco da morte branca
> Ele é um homem solitário no mar estéril de areia branca. (Césaire citado por Vrančić, 2012, p. 196, tradução nossa)

E, também, em Senghor (citado por Coetzee; Roux, 2003, p. 46, tradução nossa):

> Para mim eu não tenho nada a temer que eu sou antes
> Adão eu não pertenço ao mesmo leão
> nem para a mesma árvore que eu sou de outra
> calor e de outro frio.

Como você pode perceber, a negritude não é um motivo de vergonha, mas de orgulho. Em grande parte da literatura, o conceito é manejado de forma a almejar uma reabilitação da África, renovando a imagem do homem negro. Além de contraponto à produção do complexo de inferioridade do negro, busca-se uma identificação aberta diante do continente africano e, por consequência, da ancestralidade que nos une a ele. A negritude conclama ao autorreconhecimento e à atitude de pertencimento orgulhoso. Nesse sentido, a negritude é provavelmente carregada de força emocional ao estabelecer uma filiação (relação de filho) à mãe África.

1.5
Pan-africanismo

O pan-africanismo deve ser compreendido, primeiramente, como um movimento de conscientização, pertencimento e luta pela libertação do domínio físico, psicológico, econômico e social colonialista. Também deve ser lembrado pelo combate ao racismo atual. Os povos africanos e seus descendentes em outros continentes veem, na tradição pan-africana, a organização de seus ideais e a politização de seus interesses.

Os congressos pan-africanos realizados ao longo do século XX ajudaram a planejar as ações da causa negra, que culminaram na descolonização dos países africanos. Ainda há muito a ser feito, especialmente no combate à prática nefasta da segregação racial e à luta contra o racismo em suas mais diversas manifestações. O racismo estrutural, que forma as mentes e impregna palavras, sentenças e práticas nefastas à vida do negro, ainda está por ser derrotado.

Iniciado no final do século XIX, o pan-africanismo foi impulsionado pelo sociólogo, historiador e ativista da causa negra William Edward Burghardt Du Bois (1868-1963). Para ele, a segregação das pessoas negras foi grande problema social do século XX: "Jazem sepultadas neste local muitas coisas que, se lidas com paciência, podem mostrar o estranho significado de ser negro aqui, no alvorecer do Século Vinte. Este significado não é destituído de interesse para você, cara leitor, pois a questão do Século Vinte é o problema da linha da cor" (Du Bois, 1998, p. 35).

Du Bois (1998) enfatiza a concretude do problema, ressaltando o absurdo do racismo e dos males que acarreta. Podemos perceber o tom convocatório do pan-africanismo no último capítulo de *As almas do povo negro*, intitulado "Canções do Sofrimento" :

A crescente presunção, silenciosa, nestes tempos, é de que a provação das raças é passado e que as raças atrasadas de hoje são de inquestionável ineficiência e desmerecedoras de salvação. Essa é uma posição de arrogância de povos insolentes face ao Tempo e ignorantes da capacidade do homem. Mil anos atrás, tal assunção, facilmente concebível, teria tornado difícil aos teutões provar seu direito à vida. Dois mil anos antes, esse dogmatismo, prontamente bem-vindo, teria relegado a ideia de raças loiras liderando as civilizações. Tão lamentavelmente desorganizado é o conhecimento sociológico do significado do progresso, que a acepção de "rápido" e "devagar", no agir humano, e os limites da perfeição humana são veladas – esfinges não desvendadas nas praias da ciência. Por que Ésquilo versejou dois mil anos antes que Shakespeare nascesse? Por que a civilização floresceu na Europa e tremulou, queimou e morreu na África? Enquanto o mundo se mantiver incapaz de responder essas questões, deve esta nação proclamar sua ignorância e desmistificar preconceitos que negam liberdade de oportunidade àqueles que trouxeram as Canções de Sofrimento para os *Assentos dos Poderosos*? (Du Bois, 1998, p. 34)

A organização pan-africanista busca inflamar todas as nações africanas e afrodescendentes para lutar pelos direitos de igualdade entre todos os povos que elas ajudaram a compor. Sob o fundamento da liberdade e da igualdade de direitos, os africanos e seus descendentes ressignificaram o sentido de ser negro no mundo. Isso não apenas serviu anteriormente, como também deve ser aplicado agora no combate fervoroso das discriminações aos negros.

Ao longo dos anos, o pan-africanismo formou e mobilizou vários ativistas à causa negra, como escritores, advogados, estadistas e outros formadores de opinião. Em cada segmento da sociedade, os negros buscaram assumir seus papéis de protagonistas de suas histórias, valorizando o legado de seus ancestrais.

Fazer da África a pátria-mãe dos povos negros é muito mais do que compreender uma nação a partir de um território comum. O emblema África funciona como amálgama emotivo e transcendental. A terra natal dos ancestrais remete à existência concreta que liga os descendentes não só ao lugar, mas também à cultura, às línguas, à estética, à ética e à mobilização política dos antepassados.

Síntese

Neste primeiro capítulo, destacamos a tríade conceitual que pauta a filosofia africana: negritude, diáspora negra e pan-africanismo. Apontamos que esses elementos, analisados em conjunto ou particularmente, são centrais para o debate filosófico africano.

Ressaltamos a perspectiva identitária trazida pelo conceito de negritude, que motiva um sentimento de pertença ao povo negro. O pan-africanismo é um pensamento decorrente da diáspora negra causada pela escravidão. Os grupos étnicos que migraram forçados, bem como seus descendentes, construíram, longe de suas terras natais, o sentimento de que pertencem a uma mesma grande pátria negra.

Atividades de autoavaliação

1. Com base nas afirmações de Lewis Gordon (2008) sobre a filosofia africana, assinale a alternativa correta:
    a) A filosofia africana consolidou-se como uma filosofia da modernidade, sobretudo diante da diáspora negra e do consequente enfrentamento do regime colonial escravagista.
    b) A filosofia africana existe desde tempos imemoriais. As civilizações que surgiram após os egípcios, como outros povos africanos, expandiram o legado da cultura e do pensamento africano.
    c) Ainda há dificuldades em situar historicamente a filosofia africana, ou seja, quando começou e a partir de qual problematização surgiu.
    d) Apesar de reconhecidamente valoroso, o pensamento africano não tem vinculação à especulação ou teoria filosófica. Portanto, não há sentido falar de filosofia africana.

2. A filosofia africana está estruturada em três problemas geradores, que são:

a) afrodescendentes, diáspora negra e candomblé.

b) negritude, África e Brasil.

c) diáspora negra, pan-africanismo e negritude.

d) pan-africanismo, Kwanzaa e ideologia nacionalista.

3. Considerando os conceitos fundamentais da filosofia africana, assinale a alternativa correta:

a) O pan-africanismo remete ao sentimento de irmandade entre todas as pessoas negras. Trata-se da principal ideia motivadora do processo de descolonização da África.

b) A diáspora negra refere-se à escravização e ao traslado forçado de africanos ao redor do mundo, ao passo que a negritude representa uma marca identitária afirmativa adotada pelo povo negro.

c) A diáspora negra é inspirada no êxodo bíblico. Assim como os hebreus, os negros das mais variadas etnias passaram a conquistar espaço entre os povos africanos.

d) A negritude foi um conceito mobilizador para os colonizadores classificarem os escravizados, tendo em vista que muitos deles provinham também da África não negra.

4. Entre as principais abordagens da diáspora africana, a escravização ocupa o centro das discussões. Além disso, a situação diaspórica suscitou muitos outros problemas, trabalhados por estudiosos africanistas. Sobre a diáspora negra, é possível afirmar:

a) Provocou, em grande escala, o apagamento da cultura e das línguas de indivíduos e grupos dispersados.

b) Auxiliou no processo de interculturalidade dos povos.

c) Conduziu, embora em condições precárias, as pessoas negras para lugares melhores e em condições superiores às de seu continente original.

d) Serviu de motivação para os profetas escreverem livros bíblicos.

Atividades de aprendizagem

Questões para reflexão

1. Reflita sobre a definição de negritude abordada neste capítulo e apresente uma contraposição (um contra-argumento) a essa tese. Use elementos da vida cotidiana para ilustrar sua argumentação.

2. Ao longo de 400 anos, milhões de pessoas foram impactadas pela diáspora negra no continente africano e nos países de destino. De modo geral, quais as semelhanças e as diferenças entre os diversos povos ou grupos étnicos africanos que foram trazidos ao Brasil?

Atividade aplicada: prática

1. Acesse o *site* da TV Escola e assista à série *Retornados*. Procure sintetizar cada um dos oito episódios com uma analogia artística (música, filme, videoclipe ou charge). Em seguida, compartilhe suas anotações e conclusões com seus colegas.

   RETORNADOS. Direção: Maria Pereira e Simplício Neto. Brasil: TV Escola, 2018. (Série documental). Disponível em: <https://tvescola.org.br/programas/programa/retornados/>. Acesso em: 20 abr. 2020.

Indicações culturais

MARGARIDO, A. **Negritude e humanismo**. 2. ed. Lisboa: Casa dos Estudantes do Império, 1964. (Série Ensaio). Disponível em: <https://www.uccla.pt/sites/default/files/negritude_e_humanismo.pdf>. Acesso em: 20 abr. 2020.

Essa obra traz mais detalhes sobre o conceito de negritude, bem como a respeito de sua origem e dimensão identitária agregadora e distintiva.

AMISTAD. Direção: Steven Spielberg. EUA: DreamWorks Pictures, 1997. 152 min.

O filme conta a história real do navio negreiro La Amistad, com episódios sobre o rapto de humanos da África e seu traslado para as Américas. O filme concentra-se no episódio diplomático envolvendo a tomada da embarcação por parte dos africanos, outrora cativos, bem como no resgate da tripulação em águas internacionais.

2

Investigação filosófica da etnofilosofia

Neste capítulo, vamos analisar as inferências críticas da corrente filosófica conhecida como *etnofilosofia*. Após a análise dos fundamentos do pensamento filosófico africano, no Capítulo 1, o conceito de etnofilosofia embasará a discussão sobre a obra de Placide Tempels, que inaugurou um ramo filosófico inusitado. Tempels (1959), a partir da obra *Filosofia bantu*, de 1945, marcou a corrente filosófica que, ou criticando ou defendendo as teses ali expostas, passou a investigar o fenômeno filosófico no continente africano como um todo. Nesse sentido, percebemos, na defesa de Séverine Kodjo-Grandvaux (2013), a importância dessa corrente filosófica e de seus filósofos. Por outro lado, também abordaremos o contraponto à etnofilosofia, analisando as críticas de Paulin J. Hountondji (1977; 2003; 2009) e de Alexis Kagame (1976; 1955).

2.1
Conceito de etnofilosofia

Seria ingênuo acreditar que apenas a análise etimológica da palavra *etnofilosofia* seria suficiente para a compreensão do conceito que ela nomeia. Afinal, não se trata apenas de uma corrente filosófica. Para entendê-la de forma ampla, nosso embasamento será no trabalho de africanistas como Moya Bronwyn Deacon (citado por Coetzee; Roux, 2003), que afirma que a ideia de etnofilosofia tem como referência direta a filosofia africana, ou seja, o conjunto de problemas e reflexões que abordamos no Capítulo 1.

Não é surpreendente que o povo africano reagisse à questão colonial, buscando reestabelecer sua identidade singular e individuação nativa. Em razão dessa tarefa autoimposta, como devemos compreender a filosofia africana? Certamente, não como um conjunto de ressentimentos bem elaborados, que expõe um sentimentalismo rancoroso, mas como um pensamento de reação e ressignificação (Deacon citado por Coetzee; Roux, 2003).

Essa reação, no entanto, tem diversas formas e conteúdos. Tendo em vista que, na filosofia africana, o debate reúne grande dilemas e diversidades, não podemos deixar de desconsiderar a contribuição singular advinda de cada problema enfrentado, inerente à essência dos povos ou das nações do continente africano.

A compreensão de *etnofilosofia* passa pela abordagem de Deacon (citado por Coetzee; Roux, 2003), em *The Status of Father Tempels and Ethnophilosophy in the Discourse of African Philosophy* (em tradução livre: "*O status do Padre Tempels e da etnofilosofia no discurso da filosofia africana*"). O autor defende que a etnofilosofia é uma proposta para compreender a natureza da filosofia africana. Dessa forma, reconhece o marco histórico do trabalho de Tempels na difusão de um modo africano de pensar a realidade. No entanto, critica a forma preconceituosa com a qual o autor de *Filosofia bantu* (1959) trata o saber e o povo analisado: com um olhar estrangeiro, estereotipado. Mas o que isso significa, de fato? Com tal afirmação, Deacon (citado por Coetzee; Roux, 2003) quer nos apresentar à etnofilosofia denunciando que, nessa corrente filosófica, a filosofia africana é considerada obscura, ao contrário das tradições ocidentais, vistas como superiores.

Dito de outra forma, a etnofilosofia rejeita duas esferas da filosofia ocidental, ou seja, a lógica e a individualidade. Mas de que maneira isso se verifica? Ao se substanciar, segundo Deacon (citado por por Coetzee; Roux, 2003), a doutrina de que a África apela à emoção, ao passo que os gregos detêm na lógica formal (de base aristotélica) suas apreensões e demonstrações acerca da realidade que vivenciam.

Percebemos que a filosofia africana distancia-se da individualidade, e especificamente da individuação, de base europeia, criticando indiretamente tal postura ao estabelecer a **comunalidade** como um valor. Se admitíssemos todos os preceitos da etnofilosofia como verdadeiros, teríamos de assumir a filosofia ocidental como de natureza científica, e a filosofia africana teria de ser considerada pré ou não científica:

> Exemplos exatos da filosofia africana, na denotação etnofilosófica, são reconhecidos na filosofia popular de um povo, isto é, em termos de costumes, tradições e religiões de um povo específico. Isso tem como premissa a suposição de que existe um sistema metafísico e ideológico incorporado na sabedoria tradicional e nas instituições dos vários povos africanos, e isto está em contraste direto com os elementos individuais, racionais e críticos exibidos na filosofia europeia, sendo a sugestão de que a comunidade, como totalidade, pode filosofar. É assim que a etnofilosofia define a filosofia africana como [...] o reverso do pensamento que surge como o resultado da inferência teórica e dedutivamente alcançada. A filosofia africana é uma

experiência existencial comum e óbvia para todos os membros do estoque. Princípios lógicos básicos no Ocidente, como o princípio da contradição e do meio excluído, não têm espaço no pensamento africano. O princípio básico é o de um autoenvolvimento poético que desafia qualquer formulação lógica ocidental (Deacon citado por Coetzee; Roux, 2003, p. 117, tradução nossa).

Os ditos "filósofos profissionais" rejeitam as suposições de etnofilosofia na África. Segundo Oruka (1991, p. 23, tradução nossa), eles estabelecem a premissa de que "a filosofia não é uma disciplina que pode depender apenas de axiomas raciais", sendo, de acordo com o autor, definida por investigação racional, crítica, rigorosa, lógica e reflexiva.

No entanto, supõe-se que as filosofias africana e ocidental diferem em virtude das diferenças culturais, históricas e ambientais. Mesmo que isso cause impasses metodológicos, como parece ser o caso, jamais deve justificar divergências na interpretação e na deslegitimação da filosofia africana.

No discurso filosófico africano, a primeira tendência é rejeitar a etnofilosofia com base na compreensão de que a filosofia africana é degenerada, atrasada e degradada (Deacon citado por Coetzee; Roux, 2003). Criada durante o processo de colonização por um padre belga, a etnofilosofia levanta suspeitas de ser mais uma ferramenta de dominação.

A etnofilosofia aponta "vítimas e algozes", como afirma Deacon (citado por Coetzee; Roux, 2003, p. 119, tradução nossa). As filosofias que proferem o "vitimismo" são atacadas por africanistas e pensadores africanos. Eles entendem que tais teorias sustentam intelectualmente empresas colonialistas, como as do Congo Belga, por exemplo. Desde sua fundação, a etnofilosofia rejeita rótulos como *bárbaros* ou *primitivos*, frequentemente atribuídos pela hegemonia europeia aos povos africanos. Embora admita o potencial dos povos africanos para o pensamento filosófico, como percebido pela apreensão da filosofia bantu, a etnofilosofia não o faz de forma plenamente aceita no Ocidente.

2.2
Filosofia bantu: Tempels e sua visão filosófica

A delimitação de uma filosofia própria dos bantu foi feita por Placide Tempels (1959), especialmente em sua principal obra, *La philosophie bantoue*, publicada em 1945. Trata-se, portanto, do olhar de um missionário europeu em terras africanas que descreve essa cultura para o mundo ocidental.

Nascido na Bélgica, Placide Tempels (1906-1977) foi um padre franciscano que viveu como missionário no Congo Belga entre 1933 e 1946. Com vistas a converter congoleses ao cristianismo, o autor buscou levantar dados, expiar e compreender os modos de pensar e agir desse povo (Tempels, 1959).

Seria demasiado injusto julgar a obra de Tempels a partir de uma primeira impressão. Aqui, não julgaremos o livro pela capa. Mas deixamos a você a análise das palavras que abrem o primeiro capítulo, intitulado "In Search of a Bantu Philosophy" (em tradução livre: "Em busca de uma filosofia bantu"):

Tem sido frequentemente observado que um europeu que desistiu, durante sua vida, de toda a prática da religião cristã rapidamente retorna-a de um ponto de vista cristão quando o sofrimento ou a dor levantam o problema da preservação e sobrevivência ou a perda e destruição de seu ser. Muitos céticos voltam, em seus últimos momentos, a buscar no antigo ensinamento cristão do Ocidente a resposta prática ao problema da redenção ou destruição. O sofrimento e a morte são sempre os dois grandes apóstolos que conduzem muitos errantes na Europa nos seus últimos momentos para a nossa sabedoria cristã tradicional.

Da mesma forma, entre os nossos bantos, vemos os évolués, os "civilizados", e até mesmo os cristãos, e voltam às suas antigas formas de comportamento sempre que são surpreendidos pela lassidão moral, pelo perigo ou pelo sofrimento. Eles o fazem porque seus ancestrais lhes deixaram a solução prática do grande problema da humanidade, o problema da vida e da morte, da salvação ou destruição. Os bantos, apenas convertidos ou civilizados superficialmente, retornam no caso de uma força determinante para o comportamento que lhes foi prescrito de maneira ativista.

Entre os bantos e, de fato, entre todos os povos primitivos, a vida e a morte são os grandes apóstolos da fidelidade a uma visão mágica da vida e do recurso a práticas mágicas tradicionais. (Tempels, 1959, p. 13, tradução nossa)

Essa confissão velada de parcialidade nos estimula a prospectar outras incoerências na etnofilosofia de Tempels. O autor afirma que "todo comportamento humano depende de um sistema de princípios" (Tempels, 1959, p. 14, tradução nossa). Veremos, a seguir, que o autor entende como bons princípios, princípios civilizados, especificamente os relacionados à cultura europeia.

Tempels (1959) argumenta que o europeu moderno e civilizado é incapaz de se emancipar completamente de seus ancestrais porque sua razão está fundada em um sistema filosófico completo. Influenciado pelo cristianismo, o ambiente intelectual europeu tem uma concepção clara e positiva do universo, do homem, da vida, da morte e da imortalidade da alma. Essa visão está profundamente arraigada ao espírito da cultura ocidental, e não colapsa diante de grandes crises.

Pela leitura da obra de Tempels, deveríamos concluir que a mesma resiliência de princípios não é verificável nos grupos africanos. Analisemos a passagem a seguir:

É muito possível, tanto com o indivíduo como com o grupo tribal ou cultural, que os mistérios da vida e morte, sobrevivência e destruição, juntamente com o medo que surge de todos esses mistérios, se tornem o agente psicológico que deu origem a certos padrões de comportamento e a certas práticas redentoras. No entanto, seria escassamente científico manter, como única base do comportamento humano, a influência do ambiente e de fatores psicológicos (emoção, fantasia ou imaginação infantil). Nós não estudamos as atitudes de alguns indivíduos. Comparamos duas concepções de vida – a cristã de um lado e a mágica do outro – que se perpetuaram no tempo e no espaço: duas concepções que, ao longo dos séculos, povos inteiros e culturas inteiras abraçaram. [...] Nenhum código vivo de comportamento é possível, a menos que o sentido da vida seja sentido. Não pode haver vontade de determinar a vida a menos que os fins da vida sejam concebidos. Ninguém pode buscar o caminho da redenção que não tenha filosofia de salvação. Na questão da religião dos povos primitivos, a ciência moderna parece ter concluído definitivamente, à luz dos métodos da crítica histórica, que as crenças atuais dos povos primitivos e semiprimitivos tiveram sua origem em noções simples, porém, que degeneraram hoje em complexas concepções; de princípios precisos e exatos transmutaram-se para a imprecisão e inexatidão. É hoje geralmente admitido que, entre os povos primitivos, é o mais primitivo de todos os que mantiveram a forma mais pura do conceito do Ser Supremo, Criador e Descartador do Universo. (Tempels, 1959, p. 15, tradução nossa)

Não é de causar estranheza que apenas os povos primitivos tenham degenerado, ao passo que a civilização ocidental tenha sempre evoluído? Apesar disso, Tempels (1959) toma para si a tarefa de mostrar para o Ocidente que, ao menos em alguns dos povos "primitivos", há conteúdos que podem ser tidos como filosofia. Contudo, o autor questiona a maneira pela qual se apresentaria uma filosofia no pensamento desses africanos:

[Se] a fé dos povos realmente primitivos no Ser Supremo está na raiz de todas as concepções religiosas vigentes entre semiprimitivos: animismo, dinamismo, fetichismo e magia. Precisamos, então, surpreender-nos que encontremos entre os Bantu, e mais geralmente entre todos os povos primitivos, como o fundamento sobre o qual repousa sua concepção intelectual do universo, certos princípios básicos e até mesmo um sistema de filosofia – embora seja relativamente simples e primitivo derivado de uma ontologia logicamente coerente?

Muitas estradas parecem levar à descoberta de tal sistema ontológico. Um profundo conhecimento da língua, um estudo penetrante de sua etnologia, uma investigação crítica de suas leis ou, novamente, a adaptação do ensino religioso ao pensamento primitivo: tudo isso pode revelá-lo para nós. Também é possível – e este é obviamente o caminho mais curto – traçar diretamente o pensamento Bantu nos assuntos mais profundos, penetrá-lo e analisá-lo. Investigar se a filosofia Bantu foi estudada e desenvolvida como tal? [...] Não precisamos esperar que o primeiro africano que vem, especialmente os jovens, seja capaz de nos dar uma exposição sistemática de seu sistema ontológico. Não obstante, esta ontologia existe; e penetra e informa todo o pensamento desses primitivos; domina e orienta todo o seu comportamento.

É nossa tarefa traçar os elementos desse pensamento, classificá-los e sistematizá-los de acordo com os sistemas ordenados e as disciplinas intelectuais do mundo ocidental. (Tempels, 1959, p. 18, tradução nossa)

Imagine que alguém chega à cidade ou ao bairro em que você mora. Após apreender alguns costumes e perceber como alguns moradores pensam e se comportam, resolve escrever um livro sobre a localidade e seus habitantes. O visitante não achou necessário considerar, de maneira crítica, a visão dos moradores a respeito da análise que escreveu. Por que, então, esse autor não considera, em seu próprio trabalho, a possibilidade de sua visão estar comprometida? Essa é problemática da obra de Tempels sobre o povo bantu.

Assim como Tempels (1959) traz uma visão previamente formada dos objetos estudados, pressupondo que todos são primitivos e incapazes de uma análise filosófica aos moldes ocidentais, também esse vizinho imagina que os moradores sobre os quais escreveu não são capazes de acrescentar nada de valor ao pensamento dele.

Entretanto, o trabalho de Tempels (1959) também apresenta qualidades evidentes, como colocar a África e o pensamento africano em evidência por meio de um recorte histórico importante. A visão do autor, embora estereotipada, auxilia na manutenção de um tipo africano e das nações africanas, ressaltando que se trata de seres humanos acossados pelos valores ocidentais.

2.3
Séverine Kodjo-Grandvaux e a importância da etnofilosofia

A filósofa Séverine Kodjo-Grandvaux, de origem costa-marfinense, postula que a cosmovisão de mundo, ou seja, a reflexão filosófica, não tem pátria. Contudo, ela aponta Tempels (1959) como responsável por inserir, no debate filosófico mundial, uma abordagem que coloca a África como ponto de partida. No livro *Philosophies Africaines* (em tradução livre: *"Filosofias africanas"*), Kodjo-Grandvaux (2013) almeja demonstrar que a reflexão africana tem como solo comum a resiliência, a superação e a perseverança em se mostrar livre da influência colonial europeia, ainda que decorrente de matrizes culturais distintas, tendo em vista as várias etnias africanas.

Na abordagem da filósofa, podemos encontrar argumentos a favor dessa afirmação, como: "A filosofia não está encerrada na cultura ou na linguagem, mas se encontra e se perfaz" (Kodjo-Grandvaux, 2013, p. 31, tradução nossa). Nesse sentido, não devemos pensar que alguém pode ser um filósofo sem necessariamente conhecer as raízes do pensamento ocidental. Contudo, é perfeitamente possível considerar uma filosofia que não deriva necessariamente do pensamento grego, ou seja, que não necessite ser formada mediante a retomada dos filósofos gregos naturalistas, sob a exigência do platonismo e do aristotelismo (Kodjo-Grandvaux, 2013).

Kodjo-Grandvaux (2013) esboça uma visão geral dos filósofos e das filosofias africanas na qual a etnofilosofia não é vista de forma pejorativa. Dessa forma, é possível inferir que os "filósofos africanos estão singularmente ausentes das preocupações europeias enquanto exploram os caminhos originais" (Kodjo-Grandvaux, 2013, p. 86, tradução nossa). A autora procura evidenciar que a filosofia está relacionada ao questionamento. Portanto, a ação principal do filósofo é a problematização sobre certa temática. Concordamos que a filosofia pode ser definida apenas por essa abordagem questionadora, que, necessariamente, implica curiosidade e abertura ao mundo. Se a filosofia é humana, então, é universal. Desse modo, é preciso admitir a possibilidade de outras abordagens filosóficas fora do campo ocidental (Kodjo-Grandvaux, 2013).

Além disso, Kodjo-Grandvaux (2013, p. 13, tradução nossa) afirma que "a África nunca viveu em um vácuo em termos de pensamento. A riqueza das bibliotecas e as muitas disputas especulativas que ocorreram entre a Etiópia de Aksum, o Islã de Timbuktu e o Senegal permanecem na memória hoje". Isso não apaga o fato de que a intelectualidade africana nunca se beneficiou do reconhecimento e da transmissão do pensamento, tal como o Ocidente.

A filósofa reconhece que sua obra não é suficiente para transformar o pensamento africano, tampouco para tornar a filosofia africana conhecida.

Há um interesse no momento pela criação – artística ou literária – africana, com certeza. Há focos regulares ou olhares sobre a África, como durante a maratona de palavras em Toulouse e Avignon no ano passado. Houve a ressonante aula magna de Alain Mabanckou[1] no Collège de France, também sobre as conferências que ele deu e simpósios muito

---

1 Escritor congolês.

importantes organizados [...]. Esses eventos atraem as pessoas, sim. Nós observamos um público fiel e interessado. Mas mesmo com isso tudo, no nível das instituições e universidades nada realmente muda. A filosofia africana, por exemplo, ainda não é ensinada nas universidades francesas, ao contrário da África e dos Estados Unidos. Ainda há muitas resistências. (Kodjo-Grandvaux, 2013, p. 102, tradução nossa)

A filósofa ainda ressalta que, "em 2050, a África representará 1/4 da população mundial" (Kodjo-Grandvaux, 2013, p. 13, tradução nossa). Por isso, devemos considerar que a demografia do futuro mudará não apenas os povos africanos, mas também todo o mundo. Tendemos a imaginar a África como um continente de jovens, e sabemos que parte de sua juventude está bastante conectada, usando a nova mídia para se envolver politicamente. Dessa forma, "esta juventude tem certeza de si mesma e não tem nada a provar para o mundo. Ele se afirma como é!" (Kodjo-Grandvaux, 2013, p. 14, tradução nossa).

Devemos encorajar uma postura como essa, que revela o desejo de assumir o controle de seu destino. Para Kodjo-Grandvaux (2013), o pensamento africano deve conectar-se com a **juventude da diáspora**, que pretende recuperar o discurso sobre si mesmo e valorizar o "ser no mundo". Essa prontidão também foi percebida no início dos movimentos pan-africanistas ao redor do mundo.

Sobre o sentimento de **pertencimento**, a autora esclarece que "há hoje como no passado o desejo de questionar os conceitos, as categorias e os imaginários que mobilizamos quando pensamos sobre a África, para controlar o discurso que podemos ter sobre nós mesmos como africanos" (Kodjo-Grandvaux, 2013, p. 13, tradução nossa).

Devemos refletir, por exemplo, se os currículos escolares do Brasil se propõem a promover uma interculturalidade como a pretendida pela autora. Será que a seleção de obras em nossas bibliotecas públicas foram construídas sob uma visão de mundo pós-colonialista? A exemplo do que acontece em nações africanas, a colonização é um processo inacabado no Brasil. Certo tom colonialista persiste nas relações econômicas, políticas, culturais e epistêmicas. Interagimos de maneira assimétrica com o mundo eurocêntrico (Kodjo-Grandvaux, 2013). Devemos estar conscientes desse fato para completar o processo de descolonização.

2.4
Paulin Hountondji: contra a etnofilosofia

Nascido em 1942, na Costa do Marfim, Paulin Hountondji é um filósofo e político beninense. Docente da Universidade Nacional do Benin, foi ministro da Educação e ministro da Cultura e Comunicações desse país.

A grande repercussão do trabalho de Hountondji (2003) reside na ferrenha oposição à etnofilosofia. Para o autor, esta se realiza por meio de uma abordagem que confunde os métodos antropológicos e filosóficos, produzindo "uma disciplina híbrida sem um status reconhecível no mundo da teoria" (Hountondji, 2009, p. 5, tradução nossa). A etnofilosofia, aponta ele, pretende ser uma resposta às visões ocidentais do pensamento africano. Todavia, ao buscar desempenhar esse papel polêmico, seu funcionamento contrapõe-se à sua pretensa intencionalidade filosófica.

O título da obra de Hountondji (2003) – *An Alienated Literature* (*em tradução livre: "Uma literatura alienada"*) – indica o tom da crítica à filosofia de Tempels. Nesse trabalho, Hountondji apresenta seu entendimento de filosofia e o distancia da compreensão de etnofilosofia, afirmando:

> por "filosofia africana" entendo um conjunto de textos, especificamente o conjunto de textos escritos por africanos e descritos como filosóficos por seus próprios autores. Notemos que essa definição não levanta dúvidas [...] estamos preocupados apenas com a intenção filosófica dos autores, não com o grau de sua efetiva realização, que não pode ser facilmente avaliada. Assim, para nós, a filosofia africana é um corpo

de literatura cuja existência é inegável, uma bibliografia que cresceu constantemente nos últimos trinta anos. Os objetivos limitados dessas poucas observações são circunscrever essa literatura, definir seus principais temas, mostrar qual tem sido sua problemática até agora e questioná-la. Esses objetivos terão sido alcançados se conseguirmos convencer os nossos leitores africanos de que a filosofia africana não está onde há muito que a procuramos, num canto misterioso da nossa alma supostamente imutável, uma visão de mundo coletiva e inconsciente à qual compete-nos a estudar e a reviver, mas que nossa filosofia consiste essencialmente no próprio processo de análise, naquele mesmo discurso através do qual estamos tentando obstinadamente nos definir – um discurso, portanto, que devemos reconhecer como ideológico e que é agora até nós para libertar, no sentido mais político da palavra, a fim de não ser nada menos que um discurso verdadeiramente teórico que será indissoluvelmente filosófico e científico. (Hountondji, 2003, p. 148, tradução nossa)

O autor quer deixar evidente que não está fazendo um discurso opositor vazio de sentido, desfazendo qualquer mal-entendido que possa gerar incompreensão sobre sua obra, no sentido de se apoiar apenas em um discurso opositor vazio de sentido. Existe, na atualidade, um amplo consenso de que "as noções tradicionalmente usadas para identificar o tipo de sociedades estudadas pela etnologia (em oposição à sociologia) são fortemente eurocêntricas e, nesse sentido, tendenciosas ou 'ideológicas'" (Hountondji, 2009, p. 4, tradução nossa). À medida que os estudiosos se esforçam para explicar a expressão *sociedades primitivas*, usando, inclusive, noções mais politicamente corretas, como *sociedades arcaicas, sociedades tradicionais, povos indígenas* etc., revelam que tais terminologias não esclarecem o que supostamente pretendem.

Da mesma maneira, cabe criticar a descrição de *etnologia* como "o estudo de sociedades 'analfabetas', pois também não é melhor, na medida em que as sociedades envolvidas são assim caracterizadas

negativamente por algo que elas não têm, ou seja, a alfabetização"
(Hountondji, 2009, p. 4, tradução nossa).

Talvez você, então, questione-se: Qual é a relação entre a retomada
do método equivocado da etnologia e a crítica à etnofilosofia em si?
Segundo Hountondji (2003), essa relação está presente ao perceber-
mos que a etnofilosofia é apenas uma forma de os ocidentais crivarem
seus interesses coloniais por meio de uma lógica mais sofisticada que o
emprego da força bélica, porém, com o mesmo poder de fogo.

É sobre esse **poder de fogo disfarçado** que Hountondji (2003) quer
chamar atenção, ao lembrar que

> um precursor "da filosofia africana": Tempels, em *A filosofia bantu*,
> este missionário belga ainda hoje passa, aos olhos de alguns, por um
> clássico da "filosofia africana". De fato, é um trabalho etnológico
> com pretensões filosóficas, ou, mais simplesmente, se posso cunhar a
> palavra, uma obra de "etnofilosofia". Precisamos nos preocupar aqui
> apenas na medida em que alguns filósofos propriamente africanos
> fizeram referência a ele em seus esforços para reconstruir, na esteira
> do escritor belga, uma filosofia especificamente africana.
>
> Na verdade, *A filosofia bantu* abriu as comportas para um dilúvio
> de ensaios, que visavam reconstruir uma *Weltanschauung*[1] particu-
> lar, uma visão de mundo específica comumente atribuída a todos os
> africanos, abstraída da história e da mudança e, além disso, filosófica,
> através de uma interpretação dos costumes e tradições, provérbios e
> instituições – em suma, vários dados – sobre a cultura vida dos povos
> africanos.
>
> Podemos facilmente discernir os motivos de Tempels. À primeira
> vista eles parecem ser generosos, desde que ele tinha a intenção de
> corrigir uma certa imagem da pessoa negra difundida por Lévy-Bruhl
> e sua escola, para mostrar que a *Weltanschauung* africana não pode-
> ria ser reduzida à celebrada "mentalidade primitiva", ou que pudesse
> ser suposta como sendo insensível à contradição, indiferente às leis
> elementares da lógica, ou que também se contrapunha às leis da

---

1 "Visão de mundo", em alemão.

experiência e assim por diante. Pelo contrário, essa "visão de mundo" [africana] repousa, de fato, em uma concepção sistemática do universo que, por mais diferente que poderia ser a partir do sistema ocidental de pensamento, igualmente merecia o nome de "filosofia". À primeira vista, então, o objeto de Tempels parecia ser reabilitar o negro e sua cultura e redimi-los do desprezo de que haviam sofrido até então. (Hountondji, 2003, p. 147-148, tradução nossa)

Você pode observar que o autor reconhece a importância do trabalho de Tempels (1959) e sua pretensa intenção. Mas, então, em que reside o problema da etnofilosofia? Por que Paulin Hountondji a critica? O que podemos constatar é que a prática do filósofo apenas africanista (como é o caso de Tempels) não corrobora com sua pretensa intenção. Ela é, na verdade, uma deturpação ou inconsistência entre a intencionalidade manifestada (o jogo de palavras) e a intencionalidade prática (noções psicológicas e instrumentalização do pensar). Se você prestar atenção ao que propõe Tempels (1959), perceberá facilmente a contradição de sua empreitada.

Hountondji (2003) afirma que o autor de *Bantu Philosophy* não se dirige aos africanos, destacando que o público-alvo de Tempels são os europeus, mais especificamente, os colonialistas e os missionários. Ressalta, ainda, que parte da tentativa de alienação de Tempels (1959) é fazer com que os africanos retornem ao ponto de origem da empresa colonial, como se depreende da seguinte citação:

estamos de volta à estaca zero: os africanos, como de costume, estão excluídos da discussão, e a filosofia bantu é um mero pretexto para a aprendizagem das disquisições entre os europeus. O negro continua sendo o oposto de um interlocutor; permanece um tópico, um rosto sem voz sob investigação particular, um objeto a ser definido e não sujeito de um discurso possível. (Hountondji, 2003, p. 153, tradução nossa)

71

Após essa exposição, você tem condições de decidir por sua própria abordagem da etnofilosofia, podendo adotar a via do eurocentrismo de Tempels ou os contrapontos levantados por Paulin Hountondji. Este último certamente também poderá ser criticado, tal como toda filosofia que se pretenda séria.

2.5
Alexis Kagame: os limites da etnofilosofia

Nascido em 1912, em uma Ruanda ainda sob domínio alemão, Alexis Kagame (1912-1981) teve importância significativa para a filosofia da linguagem. Escritor e historiador, esse padre católico incorporou parte da perspectiva etnofilosófica de Placide Tempels, dedicando-se, sobretudo, à abordagem das línguas de origem africana.

Suas pesquisas decorreram não apenas de seu cargo como professor de Teologia, mas também do domínio das histórias orais, tradições e literaturas ruandesas. Escreveu diversos livros em sua língua materna, o kinyarwanda.

O filósofo era diretamente ligado à aristocracia ruandesa (Magnoli, 2009). Pertencente à etnia dominante tutsi, Kagame foi educado como membro dos abiru (responsáveis por guardar e transmitir a tradição da corte do rei). Sua família converteu-se ao catolicismo após a Bélgica expulsar os dominadores alemães de sua ex-colônia. Com a volta do colonialismo belga, os católicos ganharam mais liberdade para praticar sua religião.

Ordenado sacerdote, Kagame mudou sua sorte ao escrever *Le Code des Institutions Politiques de Rwanda* (em tradução livre: "*Código das instituições políticas da Ruanda*"). O livro apoia seu amigo, que viria a se tornar o Rei Mutara III. Essa obra defendia abertamente a instalação de um sistema governamental de clientelismo, a exemplo do que havia ocorrido anteriormente à chegada dos colonizadores (Magnoli, 2009). No entanto, como a política colonial consistia em exterminar as práticas ruandesas do clientelismo que ainda persistiam, Kagame recebeu uma espécie de castigo brando por adotar uma posição contrária àquela dos colonizadores. O bispo local enviou Kagame para estudar em Roma. Na capital italiana, Kagame ingressou na Universidade Gregoriana, onde obteve seu doutorado em Filosofia (Magnoli, 2009). Nessa época, tornou-se um ativo participante do grupo *Les Prêtres Noirs* (Os Padres Negros). Seus membros, estudantes africanos de Teologia, tinham a pretensão de fazer do cristianismo um fundamento para anseios nacionalistas (Magnoli, 2009).

Ao retornar a Ruanda, Kagame passou a lecionar no seminário. Depois, tornou-se membro proeminente do movimento de independência do país. Apesar de sua identificação com a monarquia tutsi, tal posicionamento pode tê-lo salvado após a eclosão da Revolta Hutu, liderada pela Bélgica, em 1959 (Magnoli, 2009). Mais tarde, tornou-se um dos primeiros professores da nova Universidade Nacional de Ruanda.

As mais importantes contribuições filosóficas de Kagame podem ser encontradas, principalmente, nas obras *La Philosophie Bantu-Rwandaise de l'Être* (em tradução livre: *"Filosofia bantu-ruandesa do ser"*) e *La Philosophie Bantu Comparée* (*"Filosofia bantu comparada"*). Em ambas, encontramos influências de Tempels e de sua abordagem etnofilosófica.

Na primeira, o autor faz uma análise da linguagem e da cultura kinyarwanda. Kagame (1955) almeja demonstrar que o **idioma** e a **cultura** de seu povo são de tal ordem que, observada a metodologia aplicada pela etnofilosofia, seria possível compreender que a essência do ser reside na potencialização ou na absorção de poder, tal como apontou Tempels (1959). Esse poder, condição *sine qua non* do ser, efetiva-se não apenas como pensamento, mas também de modo concreto (Kagame, 1955).

Na segunda obra, a etnofilosofia de Tempels (1959) ganha corpo. Kagame (1976) procura apontar distinções entre seu pensamento e o de Tempels, mostrando que sua tese sobre a linguagem de Ruanda apresenta os mesmos princípios da então conhecida área bantu. Alguns elementos, no entanto, são distintos, como a noção de tempo empírico e, consequentemente, a conceituação histórica (Kagame, 1976). Mas o que isso significa?

Embora muitas culturas de origem bantu contem com a mesma **fundamentação linguística** para se referir a certos elementos abstratos ou concretos, Kagame (1976) argumenta que a conceituação, isto é, o valor significativo para determinadas coisas, é singular às próprias culturas. Dessa forma, certas ideias ou noções têm sua peculiaridade cultural, mesmo que tenham raízes linguísticas comuns a outras etnias (Kagame, 1976).

A importância da tese de Kagame (1976) pode ser verificada somente se superarmos as limitações da atual investigação filosófica, principalmente com relação a problemas fora do eixo eurocêntrico. Devemos analisar as implicações dessa argumentação na área da filosofia da cultura de uma forma positiva. Para isso, a problematização africanista, ou de qualquer outro campo tido como "periférico", terá de estar presente nos departamentos de Filosofia em todo o mundo.

Tais reflexões devem ser apresentadas àqueles que afirmam não ser possível existir uma filosofia africana, tampouco uma etnofilosofia. Os detratores desse campo devem, primeiramente, compreender o que estão negando. Posições tomadas sem argumentos sólidos são meras opiniões. Não têm valor filosófico algum.

Síntese

Neste capítulo, abordamos propostas de etnofilosofia, bem como as críticas feitas a essa corrente do pensamento filosófico africano. Evidenciamos o missionário belga Placide Tempels como o responsável por apresentar ao público uma reflexão do mundo a partir da vivência com povos bantu, o que lhe deu base para desenvolver uma metafísica e uma ética e descrever práticas sapienciais e religiosas. A obra de Tempels foi absorvida pela crítica sob a denominação de *etnofilosofia*. Houve defensores, como Kagame e Kodjo-Grandvaux, e também opositores ferrenhos, como Paulin Hountondji.

Atividades de autoavaliação

1. Segundo a etnofilosofia de Tempels, a filosofia bantu adota conceitos semelhantes aos da tradição filosófica do Ocidente. Entretanto, pretende diferenciar-se da lógica ocidental. Essa afirmação é correta porque, para Tempels,

   a) os bantu buscam uma distinção estereotipada da tradição ocidental, mas, na essência, fazem o mesmo que os europeus.

   b) a filosofia bantu não difere em nada das demais filosofias do mundo; afirmar o contrário, portanto, é uma falácia ou um preconceito.

   c) a filosofia bantu busca distanciar-se da tradição ocidental, apelando a conteúdos emocionais.

   d) os chefes tribais dos bantu difundem o pensamento comunitário desses povos para o exterior.

2. A filosofia bantu apresentada pelo missionário belga Placide Tempels incorre em uma série de pressupostos, que revelam uma visão racialista e eurocêntrica. Talvez não percebida pelo próprio autor, essa visão evidencia-se na seguinte afirmação:

a) Entre os bantus, assim como entre todos os povos primitivos, a vida e a morte são os grandes fundamentos de uma visão mágica da vida e do uso de práticas mágicas.

b) Toda a prática da religião cristã retorna a um ponto de vista cristão, no qual o sofrimento ou a dor levantam o problema da preservação ou destruição do ser.

c) Os bantus, e até mesmo os cristãos, voltam às suas antigas formas de comportamento sempre que são surpreendidos pela lassidão moral, pelo perigo ou pelo sofrimento.

d) Observa-se com frequência que um europeu que desistiu, de toda a prática da religião cristã em algum momento da vida retorna, rapidamente, a um ponto de vista cristão.

3. Segundo Séverine Kodjo-Grandvaux, a filosofia africana tem um princípio ou lugar comum que interliga – ou serve de amálgama – aos diversos pontos de reflexão peculiares aos africanos e afrodescendentes. Esse terreno, que embasa filósofos africanos, apresenta os seguintes valores:

a) superação, economia, desenvolvimento e tecnologia.

b) superação, resiliência, perseverança e anseio por liberdade.

c) superação, ressentimento, vingança e paz de espírito.

d) tecnologia, economia, superação e magia.

4. Segundo Séverine Kodjo-Grandvaux, a filosofia africana, mesmo sendo tão profícua e ativa, merece ser conhecida. Assinale a alternativa que indica duas razões pelas quais o pensamento africano ainda é amplamente ignorado fora do continente:

a) O analfabetismo da maior parte dos africanos e a pluralidade dos idiomas da África.

b) A falta de comunicação dos países africanos entre si e a distância que os separa do restante do globo.

c) O número reduzido de especialistas interessados na temática africana e a escassa procura por tal assunto.

d) A falta de uma disciplina de filosofia africana em grande parte das universidades e o fato de que, estruturalmente, as instituições não repercutem a significativa produção teórica sobre temas africanos.

5. A crítica à etnofilosofia de Placide Tempels feita por Paulin Hountondji aponta que não é possível instituir uma filosofia genuinamente africana a partir de um olhar estrangeiro. Assinale o elemento que indica a necessidade de pensar a filosofia africana como elemento de pertencimento do povo negro:

a) A noção de que o pensamento filosófico africano refere-se à gama de textos produzidos por autores da África e que nomeiam suas produções nessa área do saber.

b) A filosofia africana refere-se à possibilidade de leitores africanos perceberem-se como inseridos em um processo de produção teórica e reflexiva.

c) O pensamento filosófico africano diz respeito à manifestação dos interesses sobre a África, independentemente da nacionalidade ou etnia à qual pertence determinado filósofo.

d) A filosofia africana é a prova cabal de que o povo negro detém um poder sobre si. À medida que desenvolve sua própria filosofia, torna-se mais capaz de dispensar a tutela europeia sobre sua reflexão acerca da realidade.

Atividades de aprendizagem

Questões para reflexão

1. A produção filosófica de Alexis Kagame é influenciada pela etnofilosofia de Tempels. Por meio da análise de suas obras, é possível encontrar pontos divergentes entre os dois autores. Com base na discussão apresentada neste capítulo, de que modo é possível evidenciar a distinção entre os dois autores?

2. Apesar de toda polêmica sobre etnofilosofia que a obra de Tempels criou, ninguém questiona a importância de tornar a problemática da filosofia africana um tema global. Nesse contexto, como se deve compreender a relevância da obra de Alexis Kagame?

Atividade aplicada: prática

1. Acesse os textos disponíveis no endereço eletrônico indicado a seguir e, com base nos títulos, verifique a temática que mais se repete nos artigos. Depois, selecione o assunto que mais despertou sua atenção e produza uma síntese do artigo escolhido. Em seguida, compartilhe suas observações com seus colegas.

   TEXTOS africanos. **Filosofia africana**. Disponível em: <https://filosofia-africana.weebly.com/textos-africanos.html>. Acesso em: 20 abr. 2020.

Indicações culturais

WACKERNAGEL, T. **Cheikh Anta Diop e a história da África sem preconceitos.** 23 mar. 2018. Disponível em <https://www.dw.com/pt-002/cheikh-anta-diop-e-a-hist%C3%B3ria-de-%C3%A1frica-sem-preconceitos/a-42767658>. Acesso em: 20 abr. 2020.

Para compreender a dimensão da problemática criada a partir da etnofilosofia, leia o artigo sobre o antropólogo senegalês Cheikh Anta Diop.

AFREAKA. Disponível em: <http://www.afreaka.com.br>. Acesso em: 20 abr. 2020.

Visite esse *site* e explore o conteúdo para refletir sobre o quão grande é o universo temático que compõe o pan-africanismo.

3

Investigação filosófica de Henry Odera Oruka e a filosofia da sagacidade

Neste capítulo, buscaremos analisar a filosofia da sagacidade em relação aos demais tipos de contribuições filosóficas africanas. Para tanto, identificaremos a acepção que o conceito da filosofia do sábio procura transmitir. Vamos explorar o pensamento do filósofo queniano Henry Odera Oruka (1944-1995), retomando sua reflexão sobre a importância da tradição oral para as comunidades africanas. Também destacaremos a metodologia da chamada *filosofia da sagacidade* defendida por ele. Noutro viés, verificaremos a exigência de um contraponto à proposta de Oruka, que se tornou possível mediante as asserções de Masolo e de Oseghare. Por fim, demonstraremos como a noção do Kwanzaa pode servir de síntese cultural às mais diversas etnias africanas.

3.1
Noção de filosofia do sábio

A filosofia do sábio (ou da sagacidade) centra-se na análise sobre a maneira pela qual as reflexões africanas ganharam o mundo sem que fosse preciso pautar-se na consolidada tradição eurocêntrica do pensamento e da cultura. Para obter esse intento, foram conduzidas sob os auspícios da racionalidade como condição de possibilidade de operações mentais. Nesse sentido, é preciso compreender as teses de Odera Oruka (1991), que sustentam que a filosofia africana, mesmo em sua forma tradicional pura, não começa, nem termina, no senso comum ou em apelo ao consenso.

Somos obrigados a admitir que os africanos não careceram de influência externa para perceber a importância e o alcance da investigação crítica, lógica e dialética. Você pode, então, questionar: Como é possível, sem o recurso da língua escrita, entender a filosofia africana como rigorosa? Antes de tudo, é necessário ter em mente que a alfabetização não é condição essencial para a reflexão e a exposição filosóficas. Somente quando descartamos suposições pseudocientíficas – e mesmo a filosofia as detém –, é possível encontrar uma filosofia na África tradicional. Trata-se da filosofia da sagacidade, que se destaca por escapar da armadilha da etnofilosofia (Oruka, 2003).

Entre os vários povos africanos, é provável encontrar rigorosos pensadores nativos. Embora não tenham participado de um sistema educacional formalizado, não significa que podemos tomá-los, de partida, como indivíduos não criteriosos na acepção de conceitos e ideias que formam seu sistema de valores culturais. Nada seria mais preconceituoso que imaginar que tais pensadores definiram seus conceitos na mera subjetividade.

Pelo contrário, sabemos que os sábios africanos assumem uma problematização ou uma acepção conceitual de modo a oferecer "uma análise filosófica rigorosa do mesmo, deixando claro racionalmente onde eles aceitam ou rejeitam o julgamento estabelecido ou comunal sobre o assunto" (Oruka, 1991, p. 21, tradução nossa). Mosima (2016) relata as bases fundantes da filosofia da sagacidade:

> A filosofia sábia consiste nos pensamentos expressos de homens e mulheres sábios em qualquer comunidade dada e é uma maneira de pensar e explicar o mundo que flutua entre a sabedoria popular (máximas comunitárias bem conhecidas, aforismos e verdades do senso comum) e a sabedoria didática (uma sabedoria exposta e um pensamento racional de alguns indivíduos dentro de uma comunidade). Enquanto a sabedoria popular é conformista, a sabedoria didática é, por vezes, crítica em relação à organização comunal e sabedoria. Os pensamentos podem ser expressos por escrito ou como provérbios e argumentos não escritos associados a algum indivíduo. (Oruka citado por Mosima, 2016, p. 17, tradução nossa)

Há vários sábios dotados desse espírito crítico e dialético por toda a África, nos mais diferentes grupos étnicos. Os juízos desses pensadores, se propriamente expostos, permitem a compreensão de um aspecto interessante do pensamento e da literatura africanos atuais.

Devemos ressaltar que nem todos os sábios são livres pensadores ou dedicam sua vida exclusivamente à atividade filosófica. O importante é considerar como a sagacidade filosófica é absorvida em tais sábios, produzindo pensamento crítico e reflexivo.

Podemos diferenciar os princípios fundamentais da filosofia da sagacidade e os da etnofilosofia, cuja medida é individualista e dialética. Embora também trate de pensamentos de autores conhecidos, a etnofilosofia diverge substancialmente da filosofia da sagacidade por não ser uma filosofia popular (Oruka, 2003).

3.2
Henry Odera Oruka: o registrar e a tradição oral

A valorização da oralidade no conjunto de tradições e na formação dos povos africanos é central no pensamento de Odera Oruka (1991), pois a filosofia desse sábio é vivenciada e apreendida de maneira oral. Também podemos perceber a dimensão substancial do valor da oralidade em um levantamento da Organização das Nações Unidas para a Educação, a Ciência e a Cultura (Unesco), que culminou na produção da obra *História geral da África*. No primeiro volume, lemos:

> fonte digna de nota é a tradição oral que, até recentemente desconhecida, aparece hoje como uma preciosa fonte para a reconstituição da história da África, permitindo seguir o percurso de seus diferentes povos no tempo e no espaço, compreender, a partir de seu interior, a visão africana do mundo, e apreender os traços originais dos valores que fundam as culturas e as instituições do continente. (Ki-Zerbo, 2010, p. XXV)

Segundo Oruka (1991), a tradição oral e a alfabetização na sagacidade filosófica são vetores de preconceito colonial contra o pensamento não escrito. Para a hegemonia filosófica europeia, qualquer tradição sem escrita seria incapaz de uma filosofia (Oruka, 1991). Constatações de filosofia (ainda que sob o nome de *sagacidade*) em um continente sem alfabetização seriam apenas afirmações míticas, desprovidas de cunho científico.

Oruka (1991) defende que os pensadores africanos sem alfabetização, mas com grande memória e sagacidade, organizam os elementos informativos em suas mentes de forma mais elaborada que a filosofia de alguns livros ruins (Oruka, 1991). Você pode perceber que o prejulgamento sobre culturas não escritas se perpetuou. Ainda hoje, quando alguém quer apontar falta de inteligência, de capacidade cognitiva ou de lógica argumentativa, lança mão do termo *iletrado*, como se o letramento fosse condição necessária para o bom uso da razão. Com Oruka (1991), entendemos que esse tipo de afirmação é preconceituoso aos povos não letrados. Não se trata, porém, de defender o analfabetismo, mas de apontar que há pensamento organizado e crítico possível de ser compartilhado sem o uso da escrita:

> Para existir como filósofo, não é necessário que os pensamentos de uma pessoa progridam ou estejam disponíveis para a futura geração. Tem-se como suficiente para a existência de um filósofo que seus contemporâneos reconheçam suas habilidades filosóficas e práticas [...]. A falta de conhecimento sobre a filosofia de alguém ou de um povo não é uma prova da inexistência desta filosofia. (Oruka, 1991, p. 53, tradução nossa)

Ao valorizarmos a **sistematicidade do pensamento** – algo que você deve entender como importante para a elaboração estrutural de uma consistência saudável –, não estamos afirmando de maneira absoluta que o raciocínio sistêmico demanda, de modo imprescindível, o domínio das letras. A capacidade de ler e escrever não pode servir de medida para a qualidade filosófica dos pensamentos de alguém (Oruka, 1991). O autor recorda, por exemplo, que a filosofia de Sócrates existia antes de Platão escrever sobre ela (Oruka, 1991).

Mas, então, de onde surge a crença que o escrito tem mais valor que o oralizado? Emevwo Biakolo (citado por Coetzee; Roux, 2003) afirma que a alteração do **paradigma selvagem/civilizado**, calcada no Iluminismo, coincidiu com a mudança das fortunas políticas do imperialismo. Na década de 1950, o sujeito africano já não se contentava em adquirir a civilização do colonizador. A questão era também tomar parte dos direitos e do patrimônio político. Em termos teóricos, ele não podia mais ser admitido como o primitivo pré-lógico.

Nesse novo argumento, exigiu-se uma conceituação capaz de garantir a distinção e a distância entre colonizador e colonizado. Com algum esforço, você pode encontrar o incentivo à investigação filológica e comunicacional. Compreendemos que os esforços mencionados se referem, em última instância, a "mudar a melodia da música sem mudar seu sentido" (Biakolo, citado por Coetzee; Roux, 2003, p. 4, tradução nossa). Para nos atermos ao argumento básico, devemos considerar que a civilização, principalmente a ocidental, deve sua origem à escrita:

> Com a invenção grega do alfabeto, a organização do conhecimento foi radicalmente transformada. Nas culturas orais, os poetas, sábios e pensadores dependem do ritmo poético e da estrutura narrativa para assegurar a lembrança de enunciados anteriores. Com a introdução da escrita, essa função mnemônica é mais efetivamente servida pelo próprio meio, facilitando muito o armazenamento e a recuperação de conhecimento. As consequências desse desenvolvimento nos meios de comunicação não foram apenas em sentido prático ou mnemônico de modo individual. O que se conseguiu foi uma verdadeira revolução no modo como a consciência de homens e mulheres ocidentais é organizada.
>
> Havia uma mudança paradigmática de um foco de consciência comunicativa orientado para o tempo para um espaço-determinado. Ainda mais importante, talvez, houve uma mudança no estilo de apresentação do conhecimento, resultando em um domínio de discursos que eram cada vez mais definidores, descritivos e analíticos [...]. Aqui estava a origem da ciência e filosofia ocidentais. (Biakolo, citado por Coetzee; Roux, 2003, p. 6, tradução nossa)

Diante disso, devemos questionar: Um procedimento historiográfico subordinado a um único item tecnológico – nesse caso, a escrita – é válido? Ao tentar responder a essa pergunta, você perceberá que o verdadeiro problema está além de tal questão.

A pretensa superioridade das letras sobre a tradição oral está alicerçada na visão etnocêntrica europeia. O que referimos como lógica europeia – por hábito de linguagem, infelizmente – significa, na verdade, não mais que uma forma de lógica primeiramente elaborada por um europeu. Esse fato, por si só, não é capaz de tornar monopólio de uma pessoa ou cultura um princípio de aprendizagem (Oruka, 2003).

3.3
Método da filosofia da sagacidade

O método utilizado pela pesquisa filosófica da sagacidade pode ser denominado, segundo Mosima (2016), de *antropologia filosófica*. De maneira geral, consiste em identificar os anciãos e os sábios que guardam a tradição de determinada comunidade e dialogar com eles. Nesse sentido, o adjetivo *tradicional* representa as crenças e as práticas que se desenvolveram sem a necessidade de tecnologias sofisticadas – o que inclui a escrita.

A pesquisa junto aos sábios é conduzida na língua nativa da etnia (Oruka, 1991). Seu objetivo é superar o senso comum a respeito das formas como dada etnia trata os problemas filosóficos. Como afirma Mosima (2016), a filosofia da sagacidade quer entender a formação dos indivíduos de acordo com seu **grupo de pertencimento**. As pessoas tornam-se conhecidas por participar de conversas junto aos sábios e assumem papel de referência na comunidade à medida que dão continuidade ao diálogo com a **tradição**.

Os indivíduos de destaque são capazes de explicar em detalhes as crenças e as práticas de sua comunidade e, inclusive, de criticá-las com razoabilidade, indo além da mera sistematização de saberes populares (Mosima, 2016).

Para Oruka (1991), a pesquisa em filosofia africana requer diálogo com os sábios das diversas culturas do continente, pois é deles que nasce o conhecimento a ser dissipado entre toda a comunidade:

> O primeiro passo na pesquisa da filosofia do sábio é embasado na asserção de que existem, em quase todas as sociedades, certas afirmações que são ditas sábias, enquanto outras são asserções comuns. Além disso, sabe-se que afirmações sábias são originalmente proposições feitas por homens e mulheres considerados sábios. Mais tarde, tais proposições podem se tornar as declarações de quase todas as pessoas comuns na comunidade, fazendo com que se tornem sabedoria popular. No entanto, como sabedoria popular, muitos daqueles que as expressam dificilmente param para descobrir quem são os responsáveis pelos dizeres. (Oruka, 1991, p. 65, tradução nossa)

Mosima (2016) afirma que a sabedoria está concentrada em determinada categoria de afirmações, ao passo que os dizeres vulgares – ou seja, do *vulgo*, da "não sabedoria" – apresentam-se sob qualquer forma.

A tentativa de Oruka (1991) de fazer uma demarcação distintiva entre sabedoria e não sabedoria resulta em uma concepção rígida de sabedoria, transmitindo a impressão de que é estática (Mosima, 2016). Talvez Oruka precise ampliar sua concepção de sabedoria, pois o agir do sábio, se compreendido apenas a partir de suas afirmações, parece menor em relação à verdadeira arte do viver.

3.4
Masolo e Oseghare: críticos da filosofia do sábio

Entre os críticos mais contundentes da proposta de Odera Oruka, encontramos Dismas A. Masolo e Anthony S. Oseghare.

Masolo é professor de Filosofia na Universidade de Louisville, nos Estados Unidos (University of Louisville, 2020). De origem queniana, estudou na Universidade Gregoriana, em Roma, onde obteve seu doutorado em 1980. Foi professor de Filosofia na Universidade de Nairobi e no Antioch College, Ohio, nos Estados Unidos. Seus livros tratam da busca identitária e da defesa da filosofia e da sociedade africanas. Seus cursos abrangem uma grande variedade de temas e problemas, nas tradições ocidental e não ocidental. Masolo ministra desde cursos introdutórios sobre os movimentos filosóficos do século XX até cursos comparativos do programa de doutorado sobre humanidades de sua atual instituição (University of Louisville, 2020).

Nascido e criado sob o domínio colonial britânico, o intelectual queniano reflete uma consciência crítica de sua história pessoal e cultural, buscando analisar, explicar e compreender as tradições filosóficas como parte das histórias sociais. Para esse pensador, ambas têm significado filosófico nas culturas africanas e contribuem para a disciplina em âmbito global. Nesse aspecto, o trabalho de Masolo interage com as perspectivas e os interesses globais dos estudos pan-africanos e dos programas de humanidades da Universidade de Louisville.

No artigo "African Sage Philosophy" ("Filosofia africana do sábio", em tradução livre), Masolo (2016) refere-se à abordagem de Oruka para as tradições africanas:

> o nome agora comumente dado ao corpo de pensamento produzido por pessoas consideradas sábias em comunidades africanas mais especificamente refere-se àqueles que buscam uma base racional para ideias e conceitos usados para descrever e ver o mundo examinando criticamente a justificação dessas ideias e conceitos. A expressão adquiriu sua moeda a partir de um projeto conduzido pelo falecido filósofo queniano Henry Odera Oruka, cujo objetivo primário era estabelecer, com evidência, que a reflexão crítica sobre temas de importância fundamental sempre foi a preocupação de alguns poucos escolhidos nas sociedades africanas. Esses temas envolvem questões sobre a natureza do ser supremo, o conceito de pessoa, o significado de liberdade,

igualdade, morte e a crença na vida após a morte. A evidência que Oruka coletou sobre a elaboração racional de tais temas por sábios africanos está contida em diálogos, muitos dos quais aparecem em seu texto clássico. (Masolo, 2016, tradução nossa)

Diante da observação de que a coleta de dados apresenta-se em diálogos, Masolo (2016) aponta os problemas decorrentes do método empregado por Oruka (1990). Para isso, o professor oferece dois exemplos que demonstram o método (que ele considera incompleto) e o propósito da filosofia do sábio:

> Quando perguntado [por Oruka] sobre o que ele achava da sua própria ideia de comunalismo da comunidade (Luo), Paul Mbuya Akoko respondeu da seguinte forma: Agora, no sentido em que podemos dizer com justiça que os luo no cenário tradicional praticavam o comunalismo, não é aquele em que as pessoas generosamente compartilhavam propriedade ou riqueza. Sua ideia de comunalismo é, penso eu, de natureza cooperativa. Por exemplo, onde uma pessoa tinha gado, todo mundo *ipso facto* tinha gado. Pois o dono do gado distribuiria seu gado entre as pessoas que não tivessem gado [próprio] para que os menos abastados pudessem cuidar deles... O resultado é que todos tinham vacas para cuidar e assim leite para beber. Outro sábio, Okemba Simiyu Chaungo, da comunidade de Bukusu, respondeu à pergunta: "O que é a verdade?" como segue: Quando algo é verdade, é exatamente como você vê... É exatamente o que é... Assim como esta garrafa... É verdade que é apenas uma garrafa... Apenas o que é. A verdade é boa. A falsidade é ruim. É o mal. Aquele que diz a verdade é aceito por boas pessoas. Um mentiroso pode ter muitos seguidores, mas ele é ruim. E em resposta a um interlocutor que perguntou "Por que as pessoas contam mentiras?", ele respondeu: Para que eles possam comer... Para que possam obter prestígio vazio. Eles querem lucrar de forma fraudulenta. (Oruka citado por Masolo, 2016, tradução nossa)

A partir dos exemplos aqui expostos, Masolo (2016) aponta características da filosofia do sábio. Em primeiro lugar, a **natureza pessoal** bem marcada das ideias ou opiniões que os sábios expressaram. O *insight* de

Akoko (1938), por exemplo, deriva de suas reflexões individuais sobre a prática do comunalismo.

Em segundo lugar, percebemos na filosofia do sábio as evidências de um **pensamento abstrato** sobre tópicos filosóficos. Nesse sentido, Okemba Simiyu Chaungo, ao apontar que algumas pessoas escolhem deliberadamente ser falsas para obter ganhos injustos, também aborda os aspectos morais da verdade. Contudo, se tomados de forma exemplar, nenhum desses argumentos autoriza a considerar seus autores como filósofos (Masolo, 2016).

Entretanto, não é o título de filósofo que está em discussão, mas a maneira pela qual o sujeito responde à dada questão. Exatamente pela profundidade e exigência argumentativas, ou seja, sob o viés da racionalidade e da capacidade de juízo, uma questão filosófica não pode ser explorada em todos os seus vieses.

Com isso, Masolo (2016) indica que a pesquisa de sábios feita por Oruka visava neutralizar três refutações sobre o *status* filosófico do pensamento africano nativo:

1. Ao contrário dos sábios gregos que usaram a razão, os sábios africanos não se dedicam ao pensamento filosófico.

2. Os sábios africanos são parte de uma tradição oral, enquanto o pensamento filosófico requer alfabetização.

3. As tradições africanas encorajam a unanimidade em relação a crenças e valores e desencorajam o pensamento crítico individual.

Sem a filosofia da sagacidade, tais afirmações seriam mais difíceis de ser rebatidas. Masolo (2016) também destaca que as contraposições de Akoko (1938) às teses de Oruka (1991) moldaram significativamente a maneira pela qual a filosofia da sagacidade passou a ser investigada por seus entusiastas e críticos.

Na esteira de Masolo (2016), Anthony Sunday Oseghare também questiona a filosofia descrita por Oruka (1990) – seu orientador de doutorado na Universidade de Nairobi, aliás.

Para investigar os limites da filosofia da sagacidade, Oseghare (1985) buscou, primeiramente, realizar uma distinção entre *sagacidade* e *conhecimento*. Você percebe que os dois termos estão relacionados à aquisição e ao uso de habilidades? Em razão disso, seu fundamento não deveria ser o mesmo? Certamente, não!

A **sagacidade** envolve uma sabedoria prática, alcançada pela experiência. Detém, portanto, um significado mais amplo que o de **conhecimento**. A sagacidade abrange uma sabedoria aderida ao senso comum e uma que o transcende (Oseghare, 1985). Oseghare (1992) pretende esclarecer e aprimorar o projeto de Oruka, ao contrário de Masolo (2016), que busca refutá-lo.

Oseghare (1992) oferece uma possibilidade de promover uma analogia direta entre a razão prática e a sagacidade. Embora tanto a sagacidade quanto a inteligência envolvam a aquisição e o uso de habilidades, a primeira pressupõe uma sabedoria de natureza prática. Sobre sagacidade, o autor afirma:

> certamente, quando falamos de "sagacidade", geralmente temos a imagem ou ideia de julgamento sábio ou sólido que é alcançado através da velhice ou se aumenta com ela. No entanto, embora haja um sentido em que podemos dizer corretamente que a sagacidade envolve conhecimento, acho que seria enganoso, se não falacioso, sugerir que "sagacidade" e o "conhecimento" são sinônimos. Assim, ser perspicaz é possuir a capacidade de colocar em prática um bom conhecimento prático, entre outras coisas. Pois a "sagacidade" é um conceito muito mais amplo do que "conhecimento" e, na verdade, abrange-o. No entanto, não estamos apenas preocupados com a questão de como o

conceito de "sagacidade" é colocado em uso. Mais do que isso, certamente estamos preocupados em mostrar como um sábio pode, em alguns casos, desempenhar também o papel de filósofo crítico, pois uma pessoa pode ser sábia e, no entanto, não ter a capacidade de filosofar no nível de segunda ordem. Portanto, enquanto todos os sábios são filósofos no nível de senso comum, de primeira ordem, apenas um número relativamente pequeno adquire a capacidade de filosofar no nível de segunda ordem. Nosso interesse aqui diz respeito a esse pequeno número que chamaremos de sábios filosóficos. (Oseghare, 1992, p. 101, tradução nossa)

Percebemos que, para Oseghare (1985), a sagacidade é como uma proposta tangível, na qual a exploração conceitual tem sentido vivencial. A sagacidade, percebemos, está contida no conceito *lato* da filosofia. Seu exercício depende de maturidade e julgamento, em vez de esperteza e astúcia.

Ao comentarmos Oruka (1991) e Oseghare (1992), esperamos evidenciar que a filosofia do sábio remonta à estrutura do *ethos* filosófico kantiano. Ao tratarmos da filosofia da sagacidade, concordamos, aqui, que a filosofia pode ser expressa pela razão prática, cuja expressão se torna crítica quando a razão pura passa a ser aplicada (Oseghare, 1985).

Nesse contexto, afirmamos que a sagacidade tem dois níveis. Um nível opera no campo prático, que determina a vontade nas relações estabelecidas e é calcada no cotidiano de uma cultura (que domina crenças e ideias). O outro nível existe e resiste como exercício para além das fronteiras diárias, realizando uma função expandida do existir humano. Ele revisita o aspecto mais profundo da consciência humana e processa os itens domésticos da mente, averiguando se essa nação (a mente humana) está operando da maneira mais salutar e profícua, isto é, a favor da vida mais humanizada.

3.5
Kwanzaa: multiculturalismo como síntese do pensamento africano

O Kwanzaa é uma celebração do início do período de colheitas na África. Seu idealizador foi Maulana Ndabezitha Karenga, professor de Estudos Africanos, escritor e ativista do movimento Black Power, que lutou pela defesa dos direitos dos afro-americanos. Também teve importante participação na criação do pan-africanismo. Nascido em 1941, é filho de uma família afro-americana. Seu pai foi um fazendeiro arrendatário e ministro batista que empregou a família para trabalhar nos campos, sob um arranjo efetivo de parceria mútua.

Durante a graduação, na Universidade da Califórnia, Karenga aderiu ao ativismo pelos direitos dos negros, unindo-se ao Congresso para a Igualdade Racial (Core) e ao Comitê Coordenador Estudantil Não Violento (SNCC). Também se envolveu em confrontos com o *Black Panther Party* (Partido dos Panteras Negras).

Findo o período mais ativo de militância, obteve seu mestrado em Ciências Políticas. O interesse pela causa afro o levou a estudar os idiomas suaíli e árabe. O nome Maulana Karenga (em suaíli, significa "mestre guardião da tradição") foi adotado pelo autor (cujo nome de batismo era Ronald McKinley Everett) em decorrência de seu engajamento, como forma de reconhecimento à causa africana.

O Primeiro Kwanzaa e sua significação

Realizado nos Estados Unidos desde 1966, o Kwanzaa também é alusivo à diáspora africana. O ritual dura uma semana, entre 26 de dezembro e 1º de janeiro.

Karenga (2007) explica que, para celebrar o Kwanzaa, são necessárias sete velas a simbolizar os sete princípios que devem ser observados pelos africanos e afrodescendentes ao redor do mundo. As velas representam a unidade, a autodeterminação, o trabalho em grupo e a responsabilidade, a economia cooperativa, o propósito, a criatividade e a fé.

Essa celebração é tida como o primeiro feriado especificamente afro-americano (Karenga, 2007). De acordo com o autor, o nome *kwanzaa* deriva de uma frase suaíli, cujo sentido remete aos primeiros frutos da colheita (Terry-Coleman, 2020). Em uma tradução mais convencional ao português, poderia significar "primícias". A escolha do suaíli, uma língua da África Oriental, reflete seu *status* como símbolo do pan-africanismo, obtido a partir da década de 1960. Entretanto, é preciso lembrar, sem prejuízo ao simbolismo, que a maior parte do tráfico de escravos à América ocorreu a partir da África Ocidental (Karenga, 2007).

Festivais de primeiros frutos existem ao longo da África Austral, celebrados em dezembro e janeiro, próximo ao solstício de verão do hemisfério Sul. Para a criação do Kwanzaa, Karenga (2007) inspirou-se em um conto zulu. No entanto, decidiu escrever o nome do feriado com um *a* adicional para que a palavra tivesse sete letras, remetendo de maneira significativa aos princípios celebrados pela festividade (Karenga, 2007).

O Kwanzaa é uma celebração com raízes no movimento negro e nacionalista norte-americano da década de 1970, criada para ajudar os afro-americanos a se reconectar à sua herança cultural e histórica. O retorno à matriz étnica era buscado na meditação e no estudo das tradições africanas, bem como na introjeção reflexiva dos sete princípios pan-africanistas: o *Nguzo Saba* (Karenga, 2007).

Para seu fundador, a criação de feriados afro era parte da estratégia ativista, pois entendiam que era preciso fazer uma revolução cultural antes da revolução violenta. A revolução cultural daria identidade, propósito e direção à ação (Nascimento, 2013).

Nos primeiros anos, Karenga apontava o Kwanzaa como alternativa ao Natal. Mais tarde, mudou de posição para não alienar os cristãos. Passou então a ser compreendido como uma celebração da família, da comunidade e da cultura. Nascimento (2013) aprofunda a interpretação da simbologia do feriado:

Sete símbolos são exibidos durante a cerimônia do Kwanzaa para representar os sete princípios da cultura e da comunidade africana.

1. Mkeka (M-kay-cah): é a esteira (geralmente feita de palha, e que também pode ser feita de tecido ou papel) sobre a qual todos os outros símbolos do Kwanzaa são colocados. A esteira representa a base das tradições africanas e da história.

2. Mazao (Maah-zow): as safras, frutas e vegetais representam as celebrações das colheitas africanas e mostram respeito pelas pessoas que trabalham no cultivo.

3. Kinara (Kee-nah-rah): o candelabro representa a base original da qual todos os ancestrais africanos vieram e contém sete velas.

4. Mishumaa (Mee-shoo-maah): nas sete velas, casa uma representa um dos sete princípios. As velas são vermelhas, verdes e pretas, cores que simbolizam o povo africano e sua luta.

5. Muhindi (Moo-heen-dee): o milho representa as crianças africanas e a promessa de futuro para elas [...]

6. Kikombe cha Umoja (Kee-com-bay chah-oo-moe-jah): a Taça da União simboliza o primeiro princípio do Kwanzaa, ou seja, a união da família e do povo africano. A taça é usada para derramar a libação (água, suco ou vinho) para a família e os amigos.

7. Zawadi (Sah-wah-dee): os presentes representam o trabalho dos pais e a recompensa para seus filhos. Os presentes são dados para educar e enriquecer as crianças, e podem ser um livro, uma obra de arte ou um brinquedo educativo. Pelo menos um dos presentes é um símbolo da herança africana.

O Kwanzaa celebra o que seu fundador chamou de *Nguzo Saba*. São os sete princípios do patrimônio africano, que formam uma filosofia comunitária, consistindo naquilo que, segundo Karenga (2007), o pensamento africano tem de melhor.

Síntese

Neste capítulo, analisamos a filosofia da sagacidade (ou do sábio) proposta por Odera Oruka, que objetivou inserir o discurso filosófico no debate atual sobre filosofia africana. Tal proposta buscou evidenciar as contribuições de pessoas tidas como sábias, revelando uma produção filosófica para além do senso comum. Para isso, retomamos o debate sobre oralidade, enfatizando a importância dessa prática para o resgate histórico e cultural das nações africanas.

Apontamos que a filosofia da sagacidade também é passível de questionamento, seja pelo método, seja pelos resultados. Dismas Masolo criticou o suposto descuido com os critérios empregados nessa doutrina.

De maneira oposta, Anthony Oseghare procurou corrigir os limites da filosofia da sagacidade a fim de comprovar a tese geral, de que homens e mulheres tidos como sábios em diversas etnias realmente detêm um raciocínio e uma intuição intelectual distinta dos demais integrantes da comunidade. Ao serem consultados sobre reflexões a respeito de temas diversos, tais sábios conseguem extrapolar o senso comum, o que atestaria sua condição de sabedoria.

Atividades de autoavaliação

1. Segundo a filosofia da sagacidade ou sagacidade filosófica desenvolvida por Odera Oruka, a alfabetização não é ferramenta necessária para a reflexão e a exposição crítica de determinado conceito ou situação. Com base nessa afirmação, assinale a alternativa que melhor apresenta os aspectos inovadores dessa filosofia:

   a) A filosofia da sagacidade tornou o senso comum africano algo de caráter mais requintado.

b) A filosofia da sagacidade defende que a filosofia africana não tem sua origem no senso comum, tampouco seu escopo é mera apelação consensual.

c) A filosofia da sagacidade trata de demonstrar que a esperteza é um instrumento melhor que a inteligência puramente teórica.

d) A filosofia da sagacidade preza pela inversão dos valores racionalistas em posições emotivas de cunho filosófico.

2. Conforme o que debatemos sobre Odera Oruka, é possível afirmar que, de modo geral, existem dois tipos de sabedorias entre os sábios africanos, que são:

a) a sabedoria prática e a sabedoria teórica. A primeira é a representação da esperteza; a outra, da inteligência.

b) a sabedoria passiva e a sabedoria ativa. A primeira acata o argumento belicoso; a outra produz a argumentação para guerra.

c) a sabedoria popular e a sabedoria didática. A primeira é conformista; a outra é crítica com relação à organização societária.

d) a sabedoria diária e a sabedoria universal. A primeira diz respeito à sobrevivência cotidiana; a outra, à manutenção da espécie.

3. A tradição oral é responsável pela transmissão do saber filosófico e da cultura dos mais diversos povos e etnias da África. O contraponto à noção positiva do valor da oralidade como fonte propõe a ideia de que:

a) qualquer afirmação sobre a existência da história ou da filosofia em um continente sem alfabetização não passa de uma asserção mítica e desprovida de cunho científico.

b) todos os povos encontram na oralidade sua primeira forma de transmitir as experiências aos seus descendentes.

c) a tradição oral nativa do continente que viria a ser a América foi dizimada no processo colonizador.

d) a denominação *povos não letrados* é uma forma equivocada de se referir às nações, pois procura definir uma ou várias sociedades por aquilo que não detêm.

4. A filosofia da sagacidade de Oruka apoia-se, principalmente, no conceito de oralidade, pois refere-se à maneira pela qual os sábios difundem seus conceitos. No entanto, o autor não defende o analfabetismo como um valor a ser buscado. Nessa perspectiva, indique a afirmativa que corrobora o pensamento de Oruka:

a) A condição de elaborar e transmitir sistematicamente um conhecimento filosófico ocorre por meio do uso da escrita em seus mais minuciosos detalhes.

b) Há conhecimento filosófico, ou seja, pensamento organizado e crítico que pode ser compartilhado independentemente do domínio da escrita.

c) O fato de a filosofia da sagacidade ser gerada e explorada criticamente apenas pela fala não desmerece seus autores, mas prejudica a compreensão daqueles que ainda não detêm o domínio da leitura.

d) As ideias começam a ser criticadas pelo público a partir do momento em que são publicadas em texto, algo impossível de ocorrer caso determinado povo não domine a escrita.

5. Sobre o método da filosofia da sagacidade, analise as afirmativas a seguir.

I) Ao abordar os sujeitos tidos como sábios em diversas comunidades africanas, não pretendeu separá-los dos demais, como se pertencesse a uma classe distinta, e sim fixar que o sujeito, uma vez sábio, continuará com sua sabedoria.

II) A sabedoria é expressa por uma categoria determinada de afirmações, e a vasta área dos outros dizeres (relativos à não sabedoria) cumpre qualquer tipo de afirmativa.

III) O primeiro passo é embasado na asserção de que existem, em quase todas as sociedades, certas afirmações ditas sábias, ao passo que outras são consideradas comuns.

É correto afirmar:

a) Apenas I está correta.

b) Apenas II está correta.

c) Apenas II e III estão corretas.

d) I, II e III estão corretas.

Atividades de aprendizagem

Questões para reflexão

1. Qual é o papel dos críticos Dismas Masolo e Anthony Oseghare para a filosofia da sagacidade?

2. A diáspora negra arrancou os africanos de suas terras e os lançou ao mundo, fazendo com que levassem consigo toda uma tradição cultural e social pautada pelo senso comunitário. Com base nessa constatação, como devemos entender a celebração do Kwanzaa segundo os ideais apregoados por Maulana Karenga?

Atividade aplicada: prática

1. Para compreender melhor o sentido da celebração do Kwanzaa por Karenga, assista ao documentário *The Black Candle* (2008).

   Dirigido por M. K. Asante e narrado por Maya Angelou, busca mostrar como a população negra se compreende e se relaciona com os demais indivíduos, as instituições e a sociedade. Produza um fichamento com os principais conceitos citados ao longo do filme.

   THE BLACK Candle. Direção: M. K. Asante. Asante Filmworx, 2008. 71 min. Disponível em: <https://vimeo.com/115422534>. Acesso em: 20 abr. 2020.

Indicação cultural

GOMES, I. M. J. **Odera Oruka**: o sábio e o filósofo. 2013-2014. Disponível em: <http://alice.ces.uc.pt/en/wp-content/uploads/2014/03/Odera-Oruka-Isabel.pdf>. Acesso em: 20 abr. 2020.

Neste artigo, a autora destaca a concepção de sabedoria a partir da análise da obra de Oruka, contribuindo para um compreensão ampliada do trabalho desse filósofo

4

Investigações, autores e a problemática da filosofia profissional

Para compreender a problemática da filosofia africana, precisamos examiná-la sob a perspectiva afro. Afinal, o solo em que se desenvolvem lhes dá uma identidade própria. Uma metafísica sob bases africanas – na acepção de *ubuntu*, por exemplo – é decorrência de uma cosmovisão engendrada culturalmente no continente. O mesmo acontece com a epistemologia, a ética, a filosofia política e, de forma mais perceptível, a estética.

Essa percepção nos instiga a estudar os filósofos originários dessa cultura. No entanto, não devemos projetar um olhar de fora, estrangeiro, mas tentar deduzir os problemas e as interpretações da realidade a partir do contexto em que foram pensados.

4.1
Pensamento metafísico africano: a perspectiva *ubuntu*

Ao discutirmos a metafísica africana, voltamos nossa atenção à essência dos grupos étnicos do continente. A cosmovisão africana está centrada no conceito de *ubuntu*. O termo é originário da etnia xhosa, sendo grafado também como *umuntu* na etnia zulu. Primeiramente, representa o conceito de humanidade. Nele, o indivíduo está conectado ao todo no valor *eu sou porque nós somos*. O pesquisador congolês Jean-Bosco Kakozi Kashindi (2015) explica:

> Aqui tomamos a acepção de *ubuntu* como uma ética africana fundamentada na máxima xhosa que diz: "*Ubuntu ungamuntu ngabanye abantu*"; no sentido de que a humanidade e o humano não se realizam senão por meio ou através dos outros seres humanos. Essa máxima, em suas diversas expressões, é entendida como o fundamento de uma cosmovisão africana, sem qual não se vive *ubuntu* de forma distinta e contextualizada. Em zulu, língua de outra etnia sul-africana, [...] esta mesma ideia se expressaria dizendo-se "*Umuntu ngumuntu ngabantu*", o qual se traduz como "a pessoa é pessoa em meio às outras pessoas" ou, como ocorre traduzir Desmond Tutu, "eu sou porque nós somos". (Kashindi, 2017, p. 13, tradução nossa)

O ser humano é concebido de maneira global, isto é, não apenas em relação a outros seres humanos, mas também ao todo orgânico e inorgânico à sua volta.

A partir da noção de *ubuntu*, o sujeito é identificado em uma disposição dinâmica. Ele se faz diante de outros sujeitos, constituindo uma comunidade. Essa comunidade, no entanto, é mais que mera reunião de sujeitos. A comunidade é imprescindível para o acolhimento do ser. Este, porém, não perde sua individualidade em uma homogeneização ou padronização social.

Logo, compreendemos que a comunidade é a condição indispensável para os indivíduos existirem. No conceito de *ubuntu*, o indivíduo se faz humano pela pertença a uma comunidade. A sociedade, entendida aqui de forma mais ampla (pessoas, lugares e a infinidade de objetos ao redor), condiciona o sujeito a desenvolver sua humanidade. Sua identidade emana não apenas da construção pessoal, mas também comunitária. Portanto, o grupo se beneficia do aperfeiçoamento do sujeito, e vice-versa.

A sociedade não extingue ou anula a personalidade individual. Antes, congrega o sujeito entre as demais personalidades individuais, tornando o grupo mais forte e coeso. A diversidade amplia os horizontes existenciais e as possibilidades de ação. Por essa razão, toda existência é promovida e digna de participar da vida comum.

Kashindi, em entrevista concedida a Machado (2015), afirma que a metafísica sob o conceito de *ubuntu* revela, em primeiro plano, o caráter de humanidade. Pautando-se fundamentalmente na alteridade, o ubuntu absorve em seu plano existencial os vieses ôntico, epistêmico, sociológico e filosófico. Organiza um sistema vital que condiciona todos os organismos racionais e, também, os irracionais e inorgânicos, igualmente relacionados à vivência humana.

Kashindi (citado por Machado, 2015) aponta que

sem o outro, não existe a possibilidade da humanidade, do conhecimento da vida; com o outro, ao contrário, postula-se o humano e outros

valores como a solidariedade afetiva, calorosa, a responsabilidade...
e liberta-se dos ídolos da morte que são o egoísmo, a marginalização
social, o racismo, entre outros.

Ramose (2002) compreende que o ubuntu pressupõe uma noção
humanitária, ou melhor, uma humanização (tornar-se humano), decorrente de um processo contínuo de desenvolvimento em parceria – ou
seja, na vivência coparticipativa. Não há resultado concludente, ou
ser humano acabado, mas sim uma atividade perene de humanizar-se
junto aos demais.

No ubuntu, a humanidade é um processo, e não um resultado. Não
é, mas está sendo. O ser humano não tem humanidade, mas busca
humanizar-se a cada instante de sua existência. Isso não é feito de
maneira individual, isolada, mas junto a uma comunidade, com habilidades próprias.

4.2
Epistemologia e ancestralidade: o papel da tradição no conhecimento

A epistemologia africana começa problematizando o próprio conceito
de epistemologia. De nossa parte, entendemos que, na história do pensamento africano, a definição para essa disciplina remete às múltiplas
etnias e povos ao sul do Saara. Malherbe e Kaphagawani (2003) propõem
que as condições para o conhecimento remetem diretamente ao estilo
de vida dos grupos que compõem o que denominamos *afro*. É inegável
que o caráter epistemológico de um indivíduo ou de uma sociedade não
pode deixar de considerar a cultura à sua volta. Em razão dela é que
os indivíduos procuram novos saberes. Para a filosofia africana (consequentemente, para a epistemologia), a cultura fundamentada sob o
modelo comunitarista é condição de possibilidade para o conhecimento.

A epistemologia africana não está desvinculada da ética ou da estética, como ocorre em sistemas especulativos europeus modernos (o de Descartes[1], por exemplo). Pelo contrário, é relacional e aderida ao cotidiano. Portanto, não pode ser pensada de forma abstrata, desvinculada de determinado modo de vida.

A busca pela verdade não é apenas um exercício gnosiológico. Está ligada ao domínio ontológico e ético da cultura, tidos como necessários à investigação sobre o verdadeiro. Appiah (1992), por exemplo, entende que, na África, o epistemólogo promove um conhecimento epistêmico da sociedade. Inserido no contexto social, tem como função descrever como a racionalidade opera sob determinada identidade cultural.

Você pode, então, perguntar: Como é possível falar em outra racionalidade? Isso não é contraditório à ideia de igualdade entre os seres humanos? Sim, nossa racionalidade é universal! Todos temos as mesmas faculdades e operamos os conceitos de maneira análoga. Entretanto, nossa racionalidade atua a partir de dados contextuais que o mundo nos oferece. Diferentes contextos possibilitam apreensão e operação distintas dos conceitos.

Para construir uma identidade cognitiva, precisamos dar conta das necessidades individuais e locais, compreendidas em dado círculo privado de cultura[2]. Como, então, caracterizar a cultura africana[3], para,

---

1   Em sua obra *Discurso do método*, o filósofo francês René Descartes (2001) estipula as condições para a obtenção de um conhecimento verdadeiro.

2   Por *círculo privado de cultura* compreendemos aquele reduto cultural que assume alguns valores ancestrais e os mescla com outros valores contemporâneos. No entanto, mesmo nas relações com outros grupos, tal reduto visa preservar aspectos identitários que permitem a identificação de um coletivo – embora formado por diferentes indivíduos – com interesses mais homogêneos.

3   Lembrando que por *cultura africana* descrevemos uma inúmera gama de etnias e povos distintos.

então, pensar uma epistemologia? A exigência ou a dispensa de uma base empírica invalida a formação do saber? Acreditar em seres sobrenaturais ou em intervenções mágico-religiosas torna a sabedoria africana um saber de menor grau? Podemos começar a responder a essas questões refletindo sobre a fala de Didier N. Kaphagawani e Jeanette G. Malherbe (2003, p. 224) sobre o encontro entre as culturas ocidental e africana:

> Quando perguntas como essas são colocadas, a necessidade de algum tipo de reconhecimento e avaliação racional das crenças mágico-religiosas costumeiras surge. A questão factual de se a cultura africana é essencialmente mágico-religiosa em caráter pode ser por meio do trabalho de outros estudiosos além dos filósofos. Certamente, cabe aos psicólogos analisar os padrões de pensamento de uma amostra representativa dos africanos, ou aos antropólogos dar descrições detalhadas dos padrões culturais étnicos e sob a luz dessas evidências decidirem a questão. O trabalho do filósofo não é científico nem empírico; ele não procura investigar situações ou estabelecer fatos. É algo muito mais conceitual e argumentativo em sua natureza.

Como fruto da cultura que a engendra, a epistemologia africana precisa encarar as aproximações e as distinções entre as inúmeras compreensões sobre o saber e o conhecimento verdadeiro presentes na África. A melhor estratégia talvez seja encontrar um conceito comum de *verdade*. No entanto, Wiredu (2003, p. 280), no artigo "The Concept of Truth in the Akan Language" ("O conceito de verdade na língua Akan", em tradução livre), lembra que há uma grande dificuldade em traduzir o termo *verdade* para idiomas africanos, em razão dos múltiplos sentidos da palavra (moral, religioso, ontológico, político etc.).

Diante disso, Wiredu (2003) sugere buscar um sentido lógico, formal, para o termo. Não seria, porém, uma substituição das definições autóctones por algo artificialmente determinado, e sim, tão somente, uma aproximação entre as diversas definições usadas em cada etnia.

Devemos perceber que a epistemologia africana abarca o legado da **ancestralidade.** A partir dessa base, propõe avanços científicos e os assimila de modo crítico, detendo sua parcela de responsabilidade ao produzir o desenvolvimento tecnológico para as diversas situações em nosso tempo.

4.3
A moralidade segundo o pensamento africano

No conceito de ubuntu, a ontologia e a metafísica são áreas de importância fundamental. É exatamente por fundamentar a noção existencial dos povos que esse conceito determina, de modo cabal, a filosofia moral ou a ética dos povos africanos.

Desse modo, devemos investigar o ubuntu para compreender como as ações humanas são pautadas entre os africanos. A obra do filósofo sul-africano Magobe Ramose (2002), *African Philosophy through Ubuntu* ("*Filosofia africana através do ubuntu*", em tradução livre) ajuda a compreender, pela noção de *ubuntu*, quais ações humanas se concretizam em favor de outrem (outras pessoas ou seres), e a forma como essa ação retorna, afetando o agente.

No ubuntu, há uma relação direta entre o agente e o destinatário da ação. Do contrário, a própria ação não faria sentido. Ramose (2002) compreende que os princípios ou postulados do agir estão orientados em função da **relação pensar/sentir**, na qual a vida é a força vital. Todo agir é catalisador da vida em sentido afirmativo ou negativo – isto é, nossas ações ocorrem em prol de promover a força vital ou de enfraquecê-la.

Portanto, nossas ações demandam uma **aplicabilidade comunitária.** A Figura 4.1, a seguir, foi elaborada por Kashindi (2017) para esquematizar essas relações.

Figura 4.1 – Compreendendo a dimensão do *ubuntu*

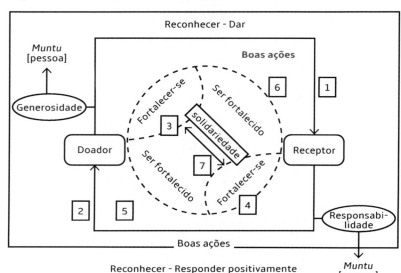

1. A pessoa que dá (doador) reconhece o outro (o receptor) como pessoa (*muntu*) e oferece-lhe algo de graça, por isso, é generosa (procede bem). Ambas as pessoas são *bantu* (pessoas).
2. O receptor reconhece o bem recebido do doador e responde positivamente. Ele é responsável.
3. O doador, quando reconhece e dá gratuitamente, fortalece-se.
4. O receptor, quando reconhece o bem recebido e responde oferecendo algo gratuitamente, também se fortalece.
5. O doador é fortalecido quando recebe o bem (a resposta positiva) do receptor.
6. O receptor é fortalecido quando recebe o bem do doador.
7. Quando ambos se fortalecem e são fortalecidos, tornam-se sólidos e, portanto, é gerada a solidariedade.

Fonte: Kashindi, 2017, p. 14.

A Figura 4.1 evidencia que a principal acepção de ação moral ou ação para o bem reside na inter-relação das subjetividades. O filósofo Magobe Ramose apresenta princípios (ou postulados) da filosofia moral, que Kashindi resume da seguinte maneira:

1) *Motho ke motho ka batho* [idioma sesotho do sul] (A pessoa é uma pessoa através de outras pessoas); 2) *Feta Kgomo o tshware motho* [setswana] (Ignore a vaca e salve o homem, pois a vida é maior do que a riqueza); 3) *Kgosi ke kgosi ka batho* [setswana] (A soberania do rei deriva e pertence a seus súditos); 4) *Motho gase mpshe ga a tshewe* [sesotho do norte] (Nenhum ser humano pode ser absolutamente inútil). (Kashindi, 2017, p. 11, grifos do original)

Mas, como vivenciar esses preceitos na vida cotidiana? Pelo primeiro postulado, "A pessoa é uma pessoa através de outras pessoas" (Kashindi, 2017, p. 11). Portanto, a conotação individual é dada mediante sua identidade junto ao grupo. Sua pertença ética, tomada de modo individual, só é possível diante da condição relacional – ou seja, apenas diante dos semelhantes. Ao mesmo tempo, o indivíduo reconhece sua distinção (individualidade) entre os demais.

Somos apenas um elemento de um grupo, que, no entanto, não se faz coeso pela homogeneização forçada, mitigando individualidades. O grupo se fortalece ao nos fazer reconhecer que somos sujeitos com características próprias, que serão somadas a outras características individuais. Em virtude disso, não faz sentido pensar em nós mesmos como sujeitos isolados. É o grupo que permite, por meio das interações entre os elementos, reconhecer nossas potencialidades individuais.

No segundo postulado, "Ignore a vaca e salve o homem, pois a vida é maior do que a riqueza" (Kashindi, 2017, p. 11), percebemos que a vida humana está em primeiro lugar. A busca pela interação com o todo não desconsidera a importância do ser humano como fim último de todas as ações. De fato, os bens são importantes, fruto das tarefas do cotidiano elementares para a vivência da comunidade. Menos importantes, porém, que a vida humana – a finalidade por excelência.

Por vivência, não remetemos apenas à vida biológica. Nessa filosofia, tal ideia transcende ao moral e ao sagrado. Quando o ser humano é o centro de todas as situações, as ações em favor da vida apresentam-se de modo incondicional. A ética a favor da vida, no sentido aqui referido, corresponde à reflexão que permite ponderar sempre a favor da totalidade do ser humano. Trata-se de refletir sobre o que fazer para que a pessoa tenha vida de maneira plena.

O terceiro princípio, "A soberania do rei deriva e pertence a seus súditos" (Kashindi, 2017, p. 11), afirma que o poder político é voltado para o cuidado. Ora, mas como pode haver um poder para cuidar? Primeiramente, o cuidado para com o outro é uma missão. Aquele que exerce o poder tem por função cuidar de todos os hierarquicamente inferiores. O poder de chefe, de sábio ou de governante concretiza-se no cuidado. Cuidar para que todos tenham vida em abundância e que zelem por esse fim é a missão de quem comanda.

Nessa perspectiva ética, o poder não é um privilégio adquirido por *status* social ou articulação de qualquer espécie. A questão não é apenas de direito ou legalista. Cabe ao governante zelar pela vida de seus súditos, pois é deles que a força do governante provém. A governança de um povo fraco revela o quão débil é seu governante.

Por fim, o quarto postulado, "Nenhum ser humano pode ser absolutamente inútil" (Kashindi, 2017, p. 11), aponta que, por mais contrárias que sejam as ações de um indivíduo frente à comunidade, há algo nessa pessoa que a torna importante. Ao menos como um contraexemplo, esse sujeito já teria um significado importante diante do grupo. Contudo, ele é mais que isso. A contraposição é bem-vinda, pois a maneira distinta de ser, agir e pensar permite ao grupo refletir se as posturas adotadas conjuntamente devem permanecer (pois operam em favor da vida) ou se devem ser mudadas. Afinal, o aperfeiçoamento moral é um processo dinâmico e jamais se encerra.

4.4
Implicações políticas da filosofia africana

A filosofia política africana pode ser compreendida, primeiramente, como uma corrente de interpretação de ideias marxistas que embasaram o processo de independência ou de criação de nações africanas. E, também, como certo tipo de contiguidade à filosofia da sagacidade.

Para tratar de ideologia nacional, é importante analisar o sentido de *ideologia* empregado aqui, uma vez que o termo é carregado de tradição na história do pensamento. A expressão *ideologia nacional* refere-se ao conjunto de ideias basilares que compõem o substrato conceitual das várias nações africanas que passaram ou passam por processos de descolonização. É preciso entender que a independência da metrópole só se realiza quando a mentalidade colonizadora deixa de operar no corpo e na mente do povo colonizado.

Os estudos de alguns filósofos africanos, como Kwame Anthony Appiah e Kwasi Wiredu, auxiliam na compreensão da problemática da filosofia política.

Kwame Anthony Appiah

Kwame Anthony Appiah nasceu em 1954, em Londres, filho de mãe britânica e pai ganês. Cresceu em Kumasi, Gana, e retornou à Inglaterra para completar seus estudos. Appiah é especialista em cultura e política das sociedades africanas. Membro de uma família com longa atuação política, é célebre pelas teses que defende, que angariam apoio e crítica em igual medida.

A absorção dos valores sociais e políticos do Ocidente (sociais e políticos) são o principal mote da filosofia desse autor. Suas teses em filosofia política marcam posições firmes. Sobre **herança cultural**, por exemplo, ele destaca:

nós filósofos africanos contemporâneos, e africanos ocidentalizados em geral, compartilhamos, por nossa formação e formação educacional, a herança intelectual da Europa. Consequentemente, nós 'vemos' a nós mesmos e nossa situação contemporânea, pelo menos parcialmente, através das lentes que nos são conferidas pelas transmissões dessa herança. Assim, explorar essa herança compartilhada em relação a como ela vê e conceitua nossa humanidade vivida é uma precondição necessária para apropriar-se criticamente dela. (Apphiah citado por Coetzee; Roux, 2003, p. 88, tradução nossa)

Outra posição marcante de Appiah (1992) é sua compreensão de cultura. Ele argumenta que a denotação formativa de cultura é, em última instância, precedida pela eficácia do intercâmbio intelectual.

Ele aponta em organizações como o Fundo das Nações Unidas para a Infância (Unicef) e a Oxfam uma dualidade: por um lado, essas instituições realizam uma ação imediata; por outro, esse trabalho não tem durabilidade. Por isso, o foco de sua pesquisa é o desenvolvimento político e econômico de longo prazo das nações de acordo com o modelo capitalista democrático ocidental. Para o autor, essa abordagem depende do crescimento contínuo do "mercado", que diz respeito ao mundo "moderno" impulsionado pelo capital (Appiah, 1992).

Em seu livro *In my Father's House: Africa in the Philosophy of Culture* (*"Na casa de meu pai: a África na filosofia da cultura"*, em tradução livre), Appiah (1992) evidencia o quanto há de político nos elementos centrais que formam a cultura de seu povo e, por conseguinte, que se reflete em seu modo de pensar. O autor parte do presente para refletir sobre as contribuições do passado e projetar os ideais de futuro. Para Appiah (1992), a construção sociopolítica que serve de objeto para a filosofia política tem como foco principal o estrangeirismo ou a importação cultural do Ocidente. Isso porque esses valores servem como catalisadores para a derrocada dos costumes e da vivência genuinamente africanas, substituindo, por vezes, tradições nacionais. Appiah (1992, p. 61, tradução nossa) alerta para a problematização da **construção identitária** dos grupos africanos, estranhando que "a concepção de uma identidade africana não tenha sido apreciada" e devidamente investigada até o presente momento.

> Embora a maior parte do discurso sobre a literatura africana tenha ultrapassado as noções monolíticas de negritude ou "personalidade africana", a natureza construída da moderna identidade africana (como todas as identidades) não é suficientemente compreendida. Terence Ranger escreveu sobre os colonialistas britânicos que "o próprio respeito pela 'tradição' os dispunha a olhar com bons olhos para o que eles consideravam tradicional na África". Oficiais coloniais britânicos, seguindo os passos de Lord Lugard (e com o apoio daquela curiosa criatura, o antropólogo do governo) coletaram, organizaram e executaram essas "tradições", e obras como a *Lei e Constituição de Ashanti* de Rattray tiveram o efeito de monumentalizar as operações flexíveis dos sistemas pré-coloniais de controle social como o que veio a ser chamado de "direito consuetudinário". Ironicamente, para muitos intelectuais africanos contemporâneos, essas tradições inventadas adquiriram agora o status de mitologia nacional, e o passado inventado da África veio a desempenhar um papel na dinâmica política do Estado moderno. (Appiah, 1992, p. 61, tradução nossa)

As tradições inventadas e importadas da Europa não só proporcionavam aos brancos um modelo de comando, mas também ofereciam modelos africanos de comportamento "moderno". Sob esse aspecto, é necessário ressaltar que as organizações políticas, para tentar construir uma nova pertença identitária a suas nações recém-independentes ou criadas, adotam uma gama de tradições inventadas em um passado recente das sociedades africanas, por europeus ou pelos próprios africanos, em resposta ao domínio e à colonização.

Na retomada historiográfica da África, a filosofia política redobrou a atenção crítica. A resistência ou a promoção dependerão, exatamente, do envolvimento dos teóricos e dos agentes políticos na reformulação do passado. Trata-se de desmitificar esse passado e expor as ideologias coloniais.

4.5
Estética negra

A estética afro (com efeito, uma estética negra) é derivada do debate sobre o pertencimento afro. Sua motivação é, primeiramente, a resistência aos padrões estéticos não negros e, mais especificamente, a padronização do belo pelo branco.

Uma estética embasada na perspectiva afro é, sobretudo, centrada na condição diaspórica do povo negro, buscando a retomada do valor da beleza negra. Devemos lembrar que, durante o processo escravizador, o negro foi tipificado pelo ocidental como o não belo. O fenótipo tipicamente negro (cabelo crespo, nariz de aba larga, pele escura) era tido como o oposto do desejado relativamente a padrões de beleza. Os traços fisiológicos dos negros foram coisificados, seja para o interesse do vendedor de escravos (braço forte, altura, boa dentição, quadril considerado adequado para parir, seios fartos para a ama de leite etc.), seja para a censura e a opressão do dono do cativo (olhos indolentes ou subservientes, cabelo ruim, armado de negro, grande beiço, nariz achatado etc.).

Conforme aponta Mattos (2015), o corpo negro é estigmatizado. Carregado de características ancestrais, torna-se motivo de distinção, geralmente, pejorativa. Fanon (2008, p. 105) descreve a formação de um pensamento racista:

Elaborei, abaixo do esquema corporal, um esquema histórico-racial. Os elementos que utilizei não me foram fornecidos pelos "resíduos de sensações e percepções de ordem sobretudo táctil, espacial, cinestésica e visual", mas pelo outro, o branco, que os teceu para mim através de mil detalhes, anedotas, relatos. Eu acreditava estar construindo um eu fisiológico, equilibrando o espaço, localizando as sensações, e eis que exigiam de mim um suplemento.

"Olhe, um preto!" Era um *stimulus* externo, me futucando quando eu passava. Eu esboçava um sorriso.

"Olhe, um preto!" É verdade, eu me divertia.

"Olhe, um preto!" O círculo fechava-se pouco a pouco. Eu me divertia abertamente.

"Mamãe, olhe o preto, estou com medo!"

Medo! Medo! E começavam a me temer. Quis gargalhar até sufocar, mas isso tornou-se impossível. Eu não aguentava mais, já sabia que existiam lendas, histórias, a história e, sobretudo, a *historicidade* que Jaspers havia me ensinado. Então o esquema corporal, atacado em vários pontos, desmoronou, cedendo lugar a um esquema epidérmico racial. No movimento, não se tratava mais de um conhecimento de meu corpo na terceira pessoa, mas em tripla pessoa. No trem, ao invés de um, deixavam-me dois, três lugares. Eu já não me divertia mais. Não descobria as coordenadas febris do mundo. Eu existia em triplo: ocupava determinado lugar. Ia ao encontro do outro [...] e o outro, evanescente, hostil mas não opaco, transparente, ausente, desaparecia. A náusea [...] Eu era ao mesmo tempo responsável pelo meu corpo, responsável pela minha raça, pelos meu ancestrais.

A estética negra pauta-se no redimensionamento – ou melhor, na ressignificação – do valor negativo que a visão colonialista imprimiu ao corpo negro. Em primeiro lugar, cabe ao indivíduo **reconhecer-se negro**. Isso parece óbvio, não? Entretanto, o sentido de pertencimento nem sempre é evidente para o negro. Pelo estigma sofrido ao longo dos séculos, muitos negros não se reconhecem como tais, pois a ideologia do período escravista segue imprimindo suas marcas.

Reconhecer-se como pertencente a um povo, e ter orgulho disso, é fundamento para começar a pensar uma estética negra. E também consequência, pois é justamente na reflexão estética que se vai determinar a beleza do negro, possibilitando, em grande medida, a adoção do discurso identitário.

Uma importante tomada de consciência ocorre a partir do momento em que o sujeito negro deixa de relegar essa beleza a um segundo plano. E isso não significa reconhecer-se belo apesar de negro, como se a negritude fosse um dificultador natural da beleza. A beleza negra, dessa forma, é entendida como uma beleza secundária à branca, uma beleza que não deveria ter sido, mas é. Tal pensamento pode ser percebido em frases como: "Que negro lindo!" ou "Que negra linda!". Perceba que, antes da condição de belo, a condição de negro precisa ser afirmada, como se os dois adjetivos fossem contraditórios (como se dissessem: "Que belo, apesar de negro(a)!" ou "Entre os negros, este é belo!"). Ao contrário, afirmações como "Que homem lindo!" ou "Que mulher linda!" são direcionadas, geralmente, a pessoas brancas. Implicitamente, é reconhecido que o branco é natural e tendencialmente belo. Eis a matriz do preconceito: Por que uns são belos como gênero (humano) e outros como raça (negra, no caso)?

Em seu artigo "O negro no espelho: imagens e discursos nos salões de beleza étnicos", Santos (2000, p. 4) acrescenta que o mundo da moda também é preconceituoso quanto ao corpo negro:

> Na ótica dos fotógrafos e donos de agências de moda, a naturalidade retoma o padrão do exotismo. Reconhecendo a existência de preconceitos por parte dos clientes, que na hora de escolher as modelos preferem as loiras e as morenas, o diretor de fotografia da Editora Abril Pedro Martinelli afirma que as negras são mais exóticas e que, dependendo do trabalho, "não cabe outro tipo de pessoa". A especificidade do trabalho referida é o que enaltece formas físicas mais marcantes e

passíveis de serem qualificadas como exóticas, principalmente aquelas voltadas para fora do país. Não é à toa que os proprietários da agência de moda paulista Jet Set afirmavam encaminhar para o mercado internacional todas as suas modelos negras. Justificando a existência de uma discriminação no mercado brasileiro – "se o produtor pede vinte manequins, geralmente só colocam uma negra" – uma das sócias afirma: "na Europa fazem questão de presença delas, porque conseguem apreciar o charme e a ginga especial que elas têm".

A imagem do negro e de sua cultura foram tão corrompidas pelo ideário colonizador escravocrata que, mesmo após várias décadas de ressignificação identitária, estereótipos raciais ainda persistem. Às vezes, inconscientemente, mas, jamais, inconsequentemente.

Oruka (2003) destaca que as quatro tendências da filosofia africana (etnofilosofia, filosofia da sagacidade, filosofia ideológico-nacionalista e filosofia profissional) ressignificam a filosofia, submetendo-a à cosmovisão do continente africano. A filosofia profissional, em especial, procura tratar a cultura africana sob as luzes da filosofia ocidental.

Como observado em Oruka (2003), essa tendência da filosofia profissional provém de trabalhos e debates de estudantes e de professores de Filosofia na África, principalmente entre os que se opõem à metodologia da etnofilosofia de Tempels (1959). A filosofia profissional concebe a filosofia "como uma disciplina ou uma atividade, no qual seu sentido independe apenas do caráter étnico-racial ou local" (Oruka, 2003, p. 145, tradução nossa).

Percebemos, portanto, que a filosofia profissional da África entende que seus problemas foram propostos pelas disciplinas célebres da tradição filosófica. Nesse contexto, a filosofia profissional trabalha questões a partir do campo da ética, da epistemologia, da estética e da metafísica. O recorte sobre a cosmovisão africana, na intenção de produzir uma análise de efeito, recorre à tradição filosófica para compreender a universalidade do objeto.

O uso da tradição filosófica serve de meio (instrumento) para os filósofos africanos, imbuídos da vivência de seus povos e nações, apresentarem suas teses. Do contrário, seria o mesmo que retomar ao avesso a teoria da etnofilosofia – justamente o que a filosofia profissional busca evitar.

Sendo a filosofia uma atividade crítica, reflexiva e lógico-formal *stricto sensu*, o que diferencia a filosofia africana da ocidental? Sua diferença é de *modus*, tendo em vista as diferenças culturais dos locais em que essas filosofias são pensadas. A questão é admitir essas diferenças culturais e incorporá-las ao pensar filosófico, sem renunciar à universalidade dessa disciplina. A filosofia profissional africana não é mera cópia do modelo ocidental. É como se os filósofos africanos buscassem algumas ferramentas (conceitos e terminologias consagradas na história da filosofia) para auxiliá-los em seu trabalho, que é o de pensar a problemática específica de seus povos.

Síntese

Neste capítulo, apontamos que a filosofia profissional serviu, em grande medida, para evidenciar as mazelas do processo colonizador e, também, como meio de divulgação da metafísica, da ética, da política, da estética e da cultura das diversas etnias africanas. Destacamos a importância da análise filosófica sob um ponto de vista africano e dos afrodescendentes pelo mundo. A ontologia e as demais disciplinas filosóficas caldadas na base da concepção do *ubuntu* promovem o itinerário cotidiano dos grupos africanos. Nessa perspectiva, os saberes assimilados e vivenciados passam por um domínio teórico ou especulativo, compondo a concretude do ser e do mostrar-se africano.

Atividades de autoavaliação

1. Ao destacar as tendências da filosofia africana contemporânea, Henry Odera Oruka define quatro áreas do saber filosófico que, tal como a filosofia do Ocidente, buscam promover um saber argumentativo racional. Sobre o tema, analise as afirmativas a seguir e indique V para as verdadeiras e F para as falsas.

   ( ) Para Odera Oruka, a filosofia profissional trata da vivência sociocultural africana mediante várias etnias presentes no continente, de modo próximo à filosofia do Ocidente.

   ( ) A filosofia da sagacidade, embora genuinamente africana, é parte reconhecível da tradição filosófica no Ocidente.

   ( ) Ainda que tenha sido publicada primeiramente por um estrangeiro, a etnofilosofia é uma criação africana.

   ( ) A filosofia de cunho ideológico-nacionalista impulsionou a luta pela independência das nações colonizadas, além de fundamentar os primeiros governos das novas nações.

Agora, assinale a alternativa que apresenta a sequência correta:

a) V, F, V, F.

b) V, V, V, F.

c) V, F, F, V.

d) F, F, F, V.

2. Henry Odera Oruka foi um importante estudioso e divulgador da filosofia africana, principalmente nas discussões e críticas à etnofilosofia. A respeito do assunto, assinale a alternativa que corresponde à origem da chamada *filosofia profissional* proposta por Oruka:

a) Oruka define que o surgimento da filosofia profissional africana ocorreu a partir da universidade e afirma que essa denominação é válida mesmo que não tenha sido praticada por africanos.

b) Oruka cogita que todos os pensadores, de origem africana ou não, auxiliaram na fundação da filosofia profissional, expressa primeiramente como etnofilosofia.

c) Oruka determina que a filosofia profissional teve sua origem desde o primeiro momento em que um filósofo adentrou em solo africano.

d) Oruka entende que a filosofia profissional, como temática da filosofia africana, surgiu a partir dos trabalhos e debates de estudantes e professores da filosofia africana.

3. Sobre o pensamento metafísico africano, analise as afirmativas a seguir.

I) A noção de *ubuntu* rechaça o mito da dimensão comunitarista das sociedades africanas, pois mesmo o indivíduo, em sua autossuficiência, pode manter-se e aperfeiçoar-se constantemente, prescindindo do auxílio da comunidade.

II) A noção de *ubuntu* remete essencialmente ao ser humano, mas, também, de um modo relacional, molda uma perspectiva ética e política.

III) A noção de *ubuntu* abrange a natureza ou a realidade como um todo coparticipativo. Portanto, seres orgânicos e inorgânicos são tomados como elementos importantes.

Agora, assinale a alternativa que apresenta somente os itens corretos:

a) I e II.

b) II e III.

c) I e III.

d) Todas as assertivas estão corretas.

4. A respeito do estudioso de epistemologia com fundamento na ancestralidade, é correto afirmar que:

a) o estudioso da disciplina (epistemólogo) visa refletir sobre a estrutura do conhecer, no que tange ao conhecimento possível, à sua origem, à maneira pela qual o conhecimento acontece e à sua meta: o saber verdadeiro ou as verdades.

b) o epistemólogo busca respaldar sua verdade a partir de teses que se sustentem de maneira universal, superando toda a temática ancestral ligada à superstição ou à crença na magia.

c) o estudioso da disciplina (o epistemólogo) pretende demonstrar a ineficácia ou o descrédito dos saberes práticos, assimilados sem domínio científico tecnológico, uma vez que a falta da cientificidade impede resultados seguros.

d) a partir de sua disciplina, o epistemólogo mostrar que a epistemologia não pode ter por fundamento algo não científico, o que é o caso da ancestralidade. Assim, uma epistemologia que afirme tal propriedade como fundamento não pode ser, de fato, considerada como epistemologia.

5. Ao refletir sobre uma acepção ética a partir do conceito de *ubuntu*, é possível destacar que, considerando os objetivos dessa temática, uma de suas prinicipais preocupações é:

a) entender que há uma relação direta e de compartilhamento entre agente e destinatário da ação no que diz respeito ao direcionamento e ao mútuo envolvimento. Do contrário, a própria ação não faria sentido, em razão dos envolvidos na ética africana. Assim, doar e receber são facetas ou modos distintos de um mesmo processo do agir.

b) destinar a relação recíproca como fundamento a ser alcançado na sociedade africana, visto que o pensamento individualista é hegemônico no continente africano.

c) compreender a importância da reciprocidade nos interessados da relação, principalmente a favor do aperfeiçoamento social comunitário, já que o indivíduo inexiste nas comunidades tribais étnicas. Nesse sentido, o coletivo só existe se o singular desaparece.

d) mostrar a fragilidade das ações coletivas e enaltecer as ações individuais por meio das quais o sujeito conhece seus limites e, também, as limitações de seu concidadão, embora tal indivíduo precise encontrar a fraqueza do opositor para não sair enfraquecido na relação.

Atividades de aprendizagem

Questões para reflexão

1. O filósofo ganês Kwame Anthony Appiah (1992) afirma que é necessário compreender o papel cultural ambivalente que a educação e a educação formal cumprem na formação intelectual dos filósofos e da cultura africana em geral. Com base nessa percepção, reflita sobre a diferença entre estrangeirismo e formação cultural.

2. A estética negra busca devolver o sentido do belo ao corpo negro. Tendo isso em mente, reflita sobre o sentido manifesto por Ivanilde Guedes de Mattos (2015) ao concluir que ser negro é ser estigmatizado.

Atividades aplicadas: práticas

1. Assista ao filme estadunidense *Dear White People* (2014), que busca retratar a vida de jovens negros em uma renomada universidade americana. A obra mostra o quanto as esferas sociais são determinadas a partir da visão racialista. Além disso, aborda a maneira pela qual a identidade, a moralidade e a resistência negra ganham vida no cotidiano dos jovens americanos. Com base no filme, elabore uma resenha de modo a apontar ao menos dois conceitos abordados neste capítulo.

   DEAR white people. Direção: Justin Simien. EUA: Lionsgate, 2018. 108 min.

2. Assista ao videoclipe da música *This is America*, do rapper norte-americano Childish Gambino. O videoclipe faz uma crítica a como os Estados Unidos veem e se comportam perante o povo negro. A questão racial define, em grande parte dos casos, o local, a educação e o *status* social das pessoas. Gambino critica seu país e o tratamento dado aos afro-americanos, além de fazer referências a diversos momentos da diáspora negra. Tomando o videoclipe como elemento de análise, elenque cinco semelhanças entre o que o artista apresenta sobre a realidade norte-americana e a sociedade brasileira.

   GAMBINO, C. This is America. Direção: Hiro Murai. EUA, 2018. (Videoclipe). Disponível em: <https://www.youtube.com/watch?v=VYOjWnS4cMY>. Acesso em: 20 abr. 2020.

Indicações culturais

ESTRELAS além do tempo. Direção: Theodore Melfi. EUA: 20th Century Fox, 2017. 127 min.

O filme retratava várias facetas da discriminação racial e de gênero no Ocidente. Em razão do tom de pele, as pessoas são relegadas profissional e socialmente. Pertencer ao gênero feminino é um limitante adicional. Esse excelente filme desperta a reflexão sobre como questões epistemológicas na procura e na produção por tecnologia de ponta convivem com problemas infames como o racismo.

I AM not your negro. Direção: Raoul Peck. França; EUA; Bélgica; Suíça: Magnolia Pictures; Amazon Studios, 2016. 96 min.

O livro inacabado de James Baldwin (1924-1987), *Remember This House*, nunca havia sido publicado em formato de texto. Mas é exatamente a partir dele que esse documentário ganha vida. O roteiro e as cenas produzidas retratam as perspectivas do povo negro americano sob o ponto de vista de um de seus mais ilustres pensadores. Baldwin, em cenas recuperadas, retoma a história do negro na América. Diante das tragédias dos assassinatos de lideranças negras estadunidenses, dimensiona pontos fundamentais da identidade construída para o negro e a luta para se livrar desse estigma.

5

Pensamento filosófico e independência das nações africanas

As ideias políticas africanas, base do processo descolonizador, permitiram que as nações africanas se libertassem do domínio político europeu. No entanto, mesmo após o processo emancipador, o sentido real dessa emancipação permaneceu sob discussão. Terminado o processo de exploração estrangeira, os países recém-libertos tiveram o desafio de organizar-se social e politicamente. A luta teórica da África pela descolonização das mentes e pela fundação de Estados modernos é o tema central deste capítulo.

5.1
Abrangência do conceito de descolonização para os ativistas na luta pela independência

A descolonização é um processo relativamente recente. As independências foram obtidas por meio de revoluções ou acordos com a metrópole. Magnoli (2009), na obra *Uma gota de sangue: história do pensamento racial*, relata como o Congo Belga abrigou uma das práticas colonizadoras mais atrozes e violentas da história. Sob o disfarce de atuação humanitária, o Rei Leopoldo II da Bélgica financiou uma expedição, liderada por Henry Morton Stanley, para instalar a "Sociedade Internacional Africana, supostamente uma associação científica e humanitária voltada para a difusão da religião e combate do tráfico" escravagista (Magnoli, 2009, p. 214). No entanto, o rei havia encomendado ao explorador a criação de um sistema colonial privativo. Em correspondência a Stanley, o monarca revela suas reais intenções:

> "É indispensável que o senhor adquira [...] o máximo de terras que puder obter e que coloque sucessivamente sob [...] suserania [...] todos os chefes tribais, da embocadura do Congo até Stanley Falls[1]". Os tratados obtidos com chefes incapazes de ler uma linha daquelas folhas, mas prontos a aceitar presentes, não apenas transferiam a soberania sobre as terras como também asseguravam o uso de trabalho nativo pelo rei da Bélgica. (Magnoli, 2009, p. 214)

Politicamente, o processo colonizador funcionava da seguinte maneira: uma potência europeia aliava-se a um grupo étnico no território africano para que este gerisse os negócios daquela região em favor da metrópole. Apoiado pelo poderio bélico e financeiro do Estado europeu, o grupo local facilmente dominava a região. Esse modelo permitia

---

1 Respectivamente, o Rio Congo e o conjunto de sete cataratas, conhecidas hoje como Boyoma Falls.

aos colonizadores, além dos ganhos, disseminar seus ideários. Como estavam familiarizados com a cultura da região, os grupos locais eram capazes de impingir conceitos e práticas de seus aliados, reforçando o processo colonizador.

No campo das ideias, a descolonização revela uma sublevação dos dominados pelo conhecimento cultural do adversário. As administrações coloniais suprimiram qualquer discurso contrário ao interesse colonizador. Os colonizados, no entanto, também tinham seus meios para observar e assimilar a maneira de pensar e a prática de seus algozes.

No século XX, no período pós-guerras, o processo imperialista começou a entrar em declínio. A fim de encerrar qualquer tipo de exploração estrangeira, em várias colônias africanas as administrações locais voltaram-se contra o poder da metrópole. Em alguns casos, um golpe de Estado dado por uma coalizão de origem nativa derrubou as forças administrativas coloniais.

No entanto, o processo de resistência à colonização teve início fora da África. No Caribe, escravizados na então Colônia de São Domingos promoveram uma revolução entre 1791 e 1825, culminando com o fim da escravidão. Dessa forma, o Haiti tornou-se a primeira república sob comando afrodescendente (Morel, 2005, p. 191).

Os países recém-independentes começaram a se desenvolver, e diversas ex-colônias passaram a assumir papel de destaque no cenário internacional. É importante lembrar que a ordem bipolar da Guerra Fria estimulou a criação de novas nações, subsidiadas por Estados Unidos ou União Soviética. Esses dois países financiaram muitas etnias para que lutassem pelo domínio territorial.

O marco das lutas anticolonialistas era a ascensão de um governante de origem africana, de forma que as etnias tivessem seus ideais, suas culturas e suas identidades representados. Apresentaremos, a seguir, alguns líderes nacionais africanos de grande relevância para o processo de descolonização. Destacamos, desde já, que suas ações foram fortemente influenciadas pelo pensamento filosófico, para o qual também contribuíram com escritos e discursos.

5.2
O humanismo na perspectiva de Julius Nyerere

Nascido em 1922, no território que viria a ser a Tanzânia, Julius Kambarage Nyerere teve forte atuação política naquele país. Graduou-se pela Universidade Makerere, na Uganda, e obteve seu mestrado pela Universidade de Edimburgo, na Escócia. Como político, alinhou-se ao pensamento de cunho socialista e africanista. Após a independência da Tanzânia em relação à Inglaterra, Nyerere atuou como primeiro-ministro em um governo de transição e, posteriormente, como presidente do país independente.

Gil (2010), em seu artigo "Ideology and the Possibility of African Political Theory: African Socialism and 'ubuntu' Compared" ("Ideologia e a possibilidade da teoria política africana: uma comparação entre socialismo africano e 'ubuntu', em tradução livre), afirma que os filósofos africanos socialistas foram influenciados por conceitos da tradição filosófica e, também, pelas vivências e culturas locais. Diversos discursos intelectuais ajudaram a moldar o caráter do socialismo africano. O contato com pensamentos e práticas políticas diversas embasou ações políticas no continente africano. O governo de Julius Nyerere na Tanzânia é um exemplo. Esse pensador e político foi, primeiramente, influenciado pela educação formal europeia. Tendo a oportunidade de estudar fora da então colônia, pôde entrar em contato com inúmeras correntes intelectuais, como o pan-africanismo e os socialismos europeus para além do marxismo – de forma mais acentuada, o socialismo fabianista.

Como era comum entre os africanos socialistas, Julius Nyerere também recebeu influência de sua própria cultura, de forma que sua raiz identitária está na base de seu pensamento e prática. Nyerere teve como meta política a **liberdade** para o povo africano. Para ele, esse objetivo poderia ser alcançado após a extirpação do pensamento colonial. Em sua defesa do socialismo, Nyerere (1987, p. 5, tradução nossa) relembra a identidade africana antes da tragédia da colonização:

Além dos efeitos antissociais da acumulação de riqueza pessoal, o próprio desejo de acumulá-la deve ser interpretado como um voto de "falta de confiança" no sistema social. Pois quando uma sociedade é tão organizada que se preocupa com seus indivíduos, então, desde que ele esteja disposto a trabalhar, nenhum indivíduo dentro dessa sociedade deve se preocupar com o que acontecerá a ele amanhã se ele não acumular riqueza hoje. A própria sociedade deve cuidar dele, de sua viúva ou de seus órfãos. É exatamente isso que a sociedade africana tradicional conseguiu fazer. Tanto o indivíduo "rico" quanto o "pobre" estavam completamente seguros na sociedade africana. A catástrofe natural trouxe fome, mas trouxe fome a todos – "pobres" ou "ricos". Ninguém morria de fome, nem de comida nem de dignidade humana porque carecia de riqueza pessoal; ele podia depender da riqueza possuída pela comunidade da qual ele era membro. Isso foi socialismo. Isso é socialismo. Não pode haver algo como socialismo aquisitivo, pois isso seria outra contradição em termos. O socialismo é essencialmente distributivo. Sua preocupação é ver aqueles que semeiam colherem uma parte justa do que semeiam.

No artigo "The Imperatives of Democracy, Governance and Leadership in the Fight against Corruption in Africa: A South African Perspective" ("Imperativos da democracia, governança e liderança na luta contra a corrupção na África", em tradução livre), Venter (2012) defende a postura de Nyerere. No excerto a seguir, o autor evidencia a postura humanística de um líder nato:

O papel de um líder progressista é "empurrar o envelope", não levar seu país de volta no tempo [...] Parte do talento do falecido presidente da Tanzânia, Julius Nyerere, como líder era que ele antecipava os acontecimentos e procurava ficar um passo à frente deles, mesmo que isso o colocasse em desacordo com os membros de seu próprio partido. Isso não o tornou um mestre oportunista nos moldes do falecido Omar Bongo, do Gabão. Em vez disso, Nyerere era alguém que mantinha crenças muito fortes, mas não era incapaz de admitir o fracasso e mudar de rumo, mesmo que isso significasse ir contra seu partido. A essência da liderança, portanto, é a capacidade do líder de ver o que os seguidores ainda não conseguem ver e a disposição de levá-los aonde ainda não querem ir. As habilidades interpessoais de Nyerere, sua integridade, articulação, comportamento realista, força de caráter e astúcia política, fizeram dele um excelente líder. Ele era aquele espécime político raro que tinha todos os poderes necessários para ser um ditador, mas não se tornou um. Nisso, ele se assemelhava ao falecido Léopold Senghor, do Senegal, e ao ex-presidente Nelson Mandela, da África do Sul. (Venter, 2012, p. 23-24, tradução nossa)

Tanto entre críticos quanto entre defensores, Nyerere é admirado por sua formação teórica, perspicácia e, sobretudo, por sua integridade humanista.

Para Nyerere, em uma abordagem política pragmática, a liberdade significava "liberdade nacional [...] a capacidade dos cidadãos da Tanzânia de determinar seu próprio futuro [...] sem a interferência de não tanzanianos" (Gil, 2010, p. 8, tradução nossa). Nyerere ressalta que "a visão de uma África maior na qual a multiplicidade enriqueceria a união nunca esteve longe de sua mente" (Gil, 2010, p. 8, tradução nossa). Sua contribuição para a redação da Declaração de Arusha, considerada a principal declaração política do socialismo africano na Tanzânia, é um exemplo prático desse compromisso.

5.3
O pan-africanismo como marca de Kwame Nkrumah

Na década de 1950, Gana havia surgido como modelo de descolonização britânica para o continente africano. Afinal, aquele país teve uma transferência pacífica, culminando na promulgação de uma constituição democrática. Seu líder nacional, Kwame Nkrumah, foi popular entre povo ganês e constante na mídia internacional.

Nascido em 1909, Nkrumah é considerado o cofundador do movimento pan-africanista. Formado nos Estados Unidos, foi eleito presidente de Gana, deposto e exilado. Morreu em 1972, na Romênia.

Biney (2011) reflete sobre o pensamento e o ativismo político de Nkrumah, relatando os passos que o levaram ao poder e analisando as ações que culminaram em sua deposição. Carismático, mas com personalidade controversa, teve sua política interna e sua atuação internacional profundamente discutidas (Biney, 2011).

No pós-Guerra Fria, quando os eventos do passado começaram a ser vistos com um olhar mais analítico, o papel e a contribuição de Nkrumah foram revistos. Apesar de ter sido um dos líderes nacionalistas mais importantes da África no século XX, sua reputação é envolta em controvérsia. As polêmicas estão relacionadas ao período em que foi primeiro presidente de Gana independente – tema muito debatido por estudos africanos e fóruns populares. Tais discussões, entretanto, pouco afetaram sua popularidade. Em uma enquete feita pela British Broadcasting Corporation (BBC) entre ouvintes da África, em 1999, Nkrumah foi eleito o homem do milênio (Biney, 2011).

Charles Abugre, um conhecido economista ganês, aponta que o legado de Nkrumah ultrapassa ideologias (Biney, 2011). Até o principal responsável por tirar Nkrumah do poder, Joseph Arthur Ankrah, reconheceu a importância histórica de seu adversário político.

A **estratégia de descolonização** de Nkrumah foi inspirada pela filosofia da não violência de Mahatma Gandhi (Satyagraha, ou "força da alma"). Isso alarmou a Inglaterra, pois o império havia perdido sua possessão indiana justamente para essa filosofia. Nkrumah chegou a ser preso pelos britânicos, o que apenas aumentou sua popularidade (Biney, 2011). Uma ampla literatura sobre Gana e Nkrumah surgiu na década de 1960, como artigos acadêmicos sobre a história política do país e biografias de seus personagens centrais.

Há outros temas que também interessam aos pesquisadores: a tomada do poder em Gana por Nkrumah; os termos da negociação pela cessão com a Inglaterra; o surgimento de um partido de oposição à Convenção Partido do Povo (CPP) – partido de Nkrumah; a instauração de um partido único na Gana independente; e as políticas econômicas implementadas entre 1957 e 1966.

A esse respeito, como sustenta Cooper (citado por Biney, 2011),

> "há uma pungência particular na história de Gana porque o pioneiro, Kwame Nkrumah, era mais que um líder político; ele foi um profeta da independência, do anti-imperialismo, do pan-africanismo. Sua frase de efeito 'busque primeiro o reino político' não foi apenas um chamado aos ganenses para exigir uma voz nos assuntos do Estado, mas um apelo aos líderes e cidadãos comuns para usar o poder para um propósito – transformar uma sociedade colonizada em uma terra próspera de oportunidades."

Percebemos que Nkrumah teve uma *performance* genial em suas estratégias de luta contra o colonialismo clássico. Seu pan-africanismo sensibilizou o grosso do população ganesa a lutar, mas pela via democrática. Conclamar a irmandade de todos os afrodescendentes do mundo poderia resultar em algo menos que um continente inteiro de pessoas a clamar por seus direitos? Parece-nos que não!

As ações de Nkrumah tiveram impacto em ações revolucionárias pela liberdade em Gana, inspirando povos em outras nações africanas. Gana, então, deve ser reconhecida como incubadora, ainda que parcial, do pensamento anticolonial. A experiência Ganesa, liderada por Nkrumah, demonstrou que a independência não seria obtida apenas com a formulação de uma petição à Organização das Nações Unidas (ONU).

5.4
O socialismo africano de Kenneth Kaunda

Kenneth Kaunda concebeu um socialismo africano que, inicialmente, inspirou-se no pan-africanismo. Kenneth David Buchizya Kaunda nasceu em 1924, na antiga colônia britânica da Rodésia do Norte, atual Zâmbia. Tal como outros líderes apresentados neste capítulo, foi o primeiro presidente de seu país após a independência.

Kaunda (1966, p. 29, tradução nossa) afirma que a "comunidade tribal era uma sociedade inclusiva. Com isso, quero dizer que a rede de relacionamentos que envolvia certo grau de responsabilidade mútua era amplamente difundida". Como isso, o autor insere o discurso econômico na ética africana do parentesco. Uma estratégia inovadora, que perturba o debate dualista do *socialismo versus capitalismo*. Vejamos como ocorre esse choque: na teoria econômica neoliberal, as regras econômicas são aplicadas de maneira mecânica, como se fossem independentes dos seres humanos. Já o socialismo tende a relegar as aspirações humanas à satisfação material. Essa característica, aliás, parece comum a ambos os sistemas.

O humanismo pretensamente idealizado por Kaunda almejava uma comunicação com o mundo ocidental. Murobe (citado por Coetzee;

Roux, 2003) afirma que Kaunda é capaz de aglutinar o peso das culturas africanas na Zâmbia, usando o *ethos* africano como arma contra o império colonialista.

Harry H. Johnston, no livro *A History of Africa by Alien Races* (em tradução livre: *Uma história da África por raças estrangeiras*), exemplifica o tipo de ataque realizado contra as culturas africanas. Assistimos ao pensamento colonizador realizar seu mais triste prejulgamento e usar sua força ideológica para impingir seus falsos conceitos. Podemos observar o fenômeno neste trecho, em que Johnston (1899, p. 91, tradução nossa) reproduz uma descrição do indivíduo africano:

> O negro, mais do que qualquer outro tipo humano, foi marcado por suas características mentais e físicas como servo de outras raças [...] Em seu estado primitivo ele nasceu escravo. Ele é possuidor de grande força física, docilidade, alegria de disposição, uma memória curta para tristezas e crueldades, e uma gratidão facilmente despertada de bondade [...]. Ele não sofre com a saudade da extensão excessiva que aflige outros povos arrancados de seus lares e, desde que seja bem alimentado, é facilmente feito feliz. Acima de tudo, ele pode trabalhar duro sob o sol e nos climas insalubres da zona tórrida. Ele tem pouca ou nenhuma comunhão racial, isto é, não tem simpatia por outros negros; ele reconhece, segue e imita seu mestre independentemente das afinidades raciais.

O humanismo africano renunciou a ideologia dos colonizadores, refutando os rótulos de pagãos, bárbaros, primitivos e selvagens, dados àqueles que não compartilhavam dos valores europeus.

Em 1949, Kaunda torna-se professor em tempo parcial. Nesse mesmo ano, assumiu a Secretaria de Organização do Congresso Nacional Africano da Rodésia do Norte. Mais tarde, mudou-se para Lusaka para exercer o cargo de Secretário-Geral do Congresso Nacional Africano (CNA), então sob a presidência de Harry Nkumbula. Os esforços combinados de Kaunda e Nkumbula não foram suficientes para mobilizar os povos africanos nativos contra a Federação da Rodésia e Niassalândia, um estado semi-independente no sul da África governado em favor da soberania britânica.

Nesse período, Kaunda, então com 30 anos, foi preso e condenado a trabalhos forçados. Sua acusação foi a de distribuição de literatura subversiva. É interessante lembrar que, durante a fase mais ferrenha da luta pela descolonização, a prisão de líderes da causa da independência era considerada, por estes, como um rito de passagem em sua trajetória.

Enquanto Kaunda esteve na prisão, diversos nacionalistas romperam com o CNA e formaram o Partido da Independência Nacional Unida (Unip), que se estabeleceu como sucessor do Congresso Nacional Africano da Zâmbia (CNAZ). Após ser libertado, em 1960, Kaunda foi eleito presidente do Unip.

Após uma visita ao líder negro norte-americano Martin Luther King, em 1960, Kaunda organizou uma campanha de desobediência civil na Província do Norte. Chamada de *Campanha Cha-Cha-Cha*, em grande parte, consistia em provocar incêndios criminosos e obstruir estradas. Nas eleições de 1962, Kaunda concorreu como candidato do Unip, formando um governo de coalizão desse partido, do qual foi ministro do governo local e da assistência social.

Dois anos depois, o Unip venceu as eleições, derrotando seus rivais do CNA e conduzindo Kenneth Kaunda à posição de primeiro-ministro e, mais tarde, tornou-se o primeiro presidente de uma Zâmbia independente.

Kaunda proibiu as atividades da Igreja de Lumpa[1], que considerava ser um foco de oposição. Essa igreja proibiu seus seguidores de votar nas eleições, embora a participação fosse obrigatória. O dissenso entre

---

1   Igreja local que tinha por líder e fundadora Alice Lenshina (1920-1978), mulher zambiana que se autoproclamava profetisa e afirmava ter morrido e ressuscitado (Hudson, 1999).

a igreja e o Unip descambou para uma revolta com registro de mortes. Kaunda tentou gerir a crise, mediando as diferenças entre a igreja, as autoridades locais e os membros do partido Unip, mas não conseguiu controlar os quadros do partido no norte.

A partir de 1964, o governo de Kaunda passou a ser abertamente autoritário, tornando-se cada vez mais intolerante com a oposição. Kaunda proibiu a participação de todos os partidos nas eleições de 1968, exceto o Unip (Kaunda, 1966). Além disso, encomendou uma nova constituição zambiana que reduziria efetivamente a nação a um Estado de partido único. Os termos referendados pela comissão constituinte não permitiram discutir as possíveis falhas da decisão do presidente em exercício.

Ao assumir o controle das eleições parlamentares, Kaunda submeteu os nomes dos candidatos ao Comitê Central do Unip, que selecionou três pessoas para representar qualquer eleitorado em particular. Esse comitê poderia vetar qualquer candidato, independentemente do motivo. Kaunda manteve os potenciais rivais afastados, garantindo que não tivessem condições de acumular poder político. Para todos os efeitos, o ex-líder pela independência da Zâmbia detinha o poder absoluto para governar a nação. O professor de filosofia, defensor do humanismo e da democracia, havia implantado uma ditadura maquiada por manobras legalistas.

5.5
Ahmed Sékou Touré: o líder político como representação expoente da cultura de um povo

Ahmed Sékou Touré nasceu na Guiné, em 1922. Pertencia à etnia mandinka. Sua família, de base cultural islâmica, fazia parte da aristocracia local e tinha grande influência junto ao governo colonial e à metrópole francesa.

Touré estudou os pensamentos marxista e leninista. Depois de conseguir trabalhar junto à agência de correios, telégrafos e telefones do país, a PTT, uniu-se à Confederação Geral do Trabalho francesa, uma entidade sindical de tendência comunista. A atuação no sindicato o tornou um membro reconhecido na política sindical. Fundou o diretório local do sindicato de trabalhadores da PTT – o primeiro da então colônia. Esse feito lhe permitiu alcançar outros postos sociais e políticos, em uma trajetória rumo ao poder (Baba, 1987).

Touré foi representante de grupos africanos na França, negociando a independência de colônias francesas na África. Os territórios ultramarinos franceses tinham a opção de escolher continuar com seu *status* atual, avançar para a plena integração na França metropolitana ou adquirir a condição de república autônoma na nova comunidade francesa semifederal. Se, no entanto, rejeitassem o novo formato (Diallo, 2008), alcançariam a independência imediatamente. O então presidente francês, Charles de Gaulle, tratou de deixar bem claro que os países independentes não mais receberiam ajuda econômica francesa, tampouco oficiais técnicos e administrativos franceses para a administração local (Diallo, 2008).

Sob esse raciocínio, o Mercado Comum Europeu[1] foi uma nova ênfase conferida pelas divisões de classe ou de renda nacional na escala global, as quais coincidiram parcialmente com divisões independentes – para não falar em termos raciais entre povos brancos e coloridos. Na medida em que o Mercado Comum Europeu já havia procurado a maior parte dos países africanos francófonos por meio da associação de membros – e poderia seduzir outros –, tal mercado poderia ser tomado

---

1 O Mercado Comum Europeu (MCE) ou Comunidade Econômica Europeia (CEE) foi criada em 1957 e representou uma espécie de entidade precursora da União Europeia, estabelecida em 1992. O MEC reuniu 12 países em um bloco econômico para tratar de questões comerciais.

como um daqueles dispositivos que Sékou Touré já havia condenado como calculado "para fazer de tudo" em prol de manter a pressão colonizadora (Baba, 1987, p. 15, tradução nossa).

Segundo Sékou Touré, a África seria o continente dos povos proletários. Mas o que isso significa, de fato? A luta de classes ocorria de formas distintas em cada região do mundo, conforme o tipo de recurso que era retirado (explorado) do proletariado. Murobe (citado por Coetzee; Roux, 2003) lembra que Sékou Touré entendia que o africano tinha mais a perder que sua força de trabalho. As minas de Katanga, localizadas no território então conhecido como Rodésia do Norte, e os produtos agrícolas de Gana, Nigéria e áreas francófonas seriam do interesse do explorador europeu. Por isso, as nações africanas deveriam fazer acordos comerciais entre si, evitando que a riqueza fosse expropriada do continente. Os termos de uma divisão justa do trabalho e da riqueza são expostos da seguinte forma:

> não era se eles não tinham mais nada a vender do que seu trabalho, mas sim qual foi o preço pago por esse trabalho por meio do qual eles ajudaram a produzir. Tampouco esse foi um caso simples da teoria do valor-trabalho, pois o trabalho africano produzido na África era primariamente africano, não apenas porque o trabalho africano o produzia, mas também, e o mais importante, porque o continente africano era onde os recursos estavam localizados. (Coetzee; Roux, 2003, p. 631, tradução nossa)

No entanto, a Comunidade Europeia fazia da África um fornecedor barato para o Mercado Comum Europeu. Os africanos poderiam manter a aparência de um burguês fazendo negócios com outro burguês, mas a base dessa troca seria uma nova forma de exploração: a neoexploração dos dias pós-coloniais (Baba, 1987).

Por isso, o partido de Touré militou para que, em referendo, os guineenses rejeitassem a entrada do país na União Francesa, tornando-o a única colônia francófona a votar pela independência imediata. Alcançada a independência em 1958, o país escolheu Sékou Touré como presidente (Lewin, 2009).

Sékou Touré declarou seu partido como o único legal, embora o país mantivesse partido único desde a independência. Pelos 24 anos seguintes, Touré deteve todo o poder para si. Foi eleito para um mandato de sete anos como presidente em 1961, sendo o único candidato, e reeleito sem oposição em 1968, 1974 e 1982. A cada cinco anos, uma única lista de candidatos de seu partido era devolvida à Assembleia Nacional (Lewin, 2009).

Touré baseou seu governo no marxismo, implantando planos econômicos centralizados e nacionalizando empresas estrangeiras. Como resultado, ganhou o Prêmio Lenin da Paz, em 1961. Seguiu recrudescendo seu autoritarismo. Prendeu e exilou a maioria de seus opositores. Inicialmente, sua postura firme contra a expropriação francesa angariou apoio popular. Mas, conforme seu governo prolongava-se sem produzir um plano de desenvolvimento claro, percebeu-se que a perda da democracia era um problema adicional para o país (Lewin, 2009).

Sékou Touré esteve envolvido em episódios – e com personagens – que reforçaram a construção de sua imagem adversa. Em sua obra *Sékou Touré: L'ange Exterminateur – un Passé à Dépasse* (*"Sékou Touré: o anjo exterminador – um passado a ser superado"*, em tradução livre), Charles E. Sorry (2000) percebe em Touré um homem de vida interior tempestuosa, que alimentou uma ambição extrema. Na busca pelo poder, fez surgir oportunidades improváveis e aproveitou cada erro adversário. No entanto, o autor reconhece a liderança forte, um "animal político formidável" (Sorry, 2000, p. 11-12, tradução nossa), que

sabia combinar com uma perfeita harmonia, cinismo e intuição, misturado com uma paixão ardente pelo poder. Excelente palestrante e homem influente, Sékou Touré se cercou, no entanto, de homens medíocres, gananciosos e prontos para manter o seu lugar a todo custo [...], o homem para quem seus comandados convidariam os cidadãos a sacrificar suas vidas: "Dê a sua vida para preservar a de Ahmed Sékou Touré [...]".

Sékou Touré, também foi o homem que não foi vítima de escrúpulos. Foi necessário ter sucesso; foi necessário conquistar o poder a todo preço [...]. Seu assim chamado amor pelo povo era o de um tirano paranoico por seu cativo. Ele poderia dizer com Mussolini: "A multidão é uma mulher"; e repetir com Hitler: "A alma da massa é acessível apenas a tudo que é inteiro e forte, assim como a mulher é afetada por raciocínios sintéticos dos quais ela experimenta uma aspiração sentimental indefinida por toda uma atitude, a qual submete o forte enquanto domina os fracos, a massa prefere o mestre ao invés do suplicante. Quem quiser ganhar a massa deve conhecer a chave que abre a porta do seu coração. Aqui, a objetividade é da fraqueza, a vontade é força". Fazendo sua vontade a lei e sua razão individual a razão do Estado, Sékou Touré não parecia diferente do autor de *Mein Kampf*[1] Alguém poderia achar este livro muito violento; extremo talvez, e muito implacável para abater o trabalho e a memória de um homem, alguns dos quais lamentam o tempo como velhos oficiais do Werhmacht lamentam a glória nazista.

Outros autores veem em Touré apenas o caráter e a trajetória da maioria dos líderes africanos. Murobe (citado por Coetzee; Roux, 2003, p. 683, tradução nossa) aponta:

[A] construção de estados e comunidades nacionais, construindo economias capazes de satisfazer às necessidades do povo e tecendo uma rede de relações interafricanas e internacionais que ajudariam a realizar as opções políticas globais, ao mesmo tempo em que transformariam os valores subjacentes às transações internacionais.

---

1   Trata-se da obra que Adolf Hitler escreveu enquanto estava preso, a qual reúne, em grande parte, as teses sobre supremacia ariana e sobre como dominar a massa inflando suas emoções, a fim de, por meio dessas ações, chegar ao poder da nação.

Esse ideal nunca foi realizado devido a ambições pessoais por parte dos líderes africanos. Por vezes, essa ambição resultou na identificação do partido político com o Estado, eliminando assim o *ethos* do multipartidarismo. [...] Sékou Touré expressou a mesma lógica quando argumentou que o Estado deve se identificar com o partido para formar a inquebrantável trilogia de pessoas, partido e Estado. Nesse contexto, os princípios morais universais não podem ser aplicados às ações dos estados em seus países enquanto formulação universal abstrata. A moralidade de nossa pertença comum ou de nossa relação e inter-relação é relativizada à medida que o estadista individual considera o bem público como sinônimo de seu interesse particular. Embora a moral exija que perguntemos se essa política está de acordo com os valores morais, os proprietários privados do Estado estão preocupados principalmente com um determinado ato político, com a premissa de que ele possibilita a reordenação do poder do Estado. Em tais arranjos, o poder do Estado é o poder do estadista.

Precisamos refletir sobre as práticas políticas dos líderes africanos após a independência de seus países. As condutas demonstram que atuaram como proprietários privados do Estado. Parece-nos que o poder gerou um efeito negativo duplo: por um lado, os atraídos pelo poder estariam dispostos a morrer na tentativa de obtê-lo. Ao tomarem posse dele, tornaram-se dispostos a destruir aqueles que não se submetiam a tal poder.

Cabe a nós questionarmos: É possível um único indivíduo representar a vontade de todo um povo, em suas múltiplas acepções? Um governante consegue manter um projeto personalista de longo prazo sem se tornar semelhante àqueles que combateu?

A política interna africana no pós-colonização guarda semelhanças com eventos históricos de outros tempos e lugares. Líderes inflam o ego nacionalista das massas. Entretanto, quando seus governos, que afirmavam representar o próprio espírito desses povos, revelam-se ditatoriais e corruptos, a autopercepção nacional entra em um estado de profunda crise, gerando caos social.

Síntese

Neste capítulo, remontamos ao ideário nacionalista que embasou o processo de independência das nações africanas. Apontamos a existência de uma filosofia com engajamento político, que denunciou as mazelas do colonialismo.

Destacamos, ainda, que os líderes dos processos de independência em seus países acabaram tornando-se os governantes dos países libertos. Todos foram influenciados pelo socialismo e pelo comunismo soviético, como demonstram seus discursos. Após a independência, a luta pelo poder continuou, porém, entre os grupos políticos internos.

Atividades de autoavaliação

1. A expressão *ter olhos e ouvidos*, usado no contexto da administração das colônias africanas pelos europeus, significa:

    a) estar atento a tudo o que acontece, utilizando inteligência e a tecnologia que os nativos não têm.

    b) a prática de cegar os opositores do colonialismo e, em certos casos, arrancar as orelhas dos contraventores do regime.

    c) promover casos para os nativos notarem a opulência dos colonizadores e imitá-los ou, por meio de calúnia, difamar os chefes locais para minar sua autoridade.

    d) as alianças com grupos locais, o que permitia aos colonizadores dominar mais facilmente suas colônias.

2. Quando terminou o período de colonização da África pelas potências europeias, o continente já havia tido muitas de suas riquezas expropriadas. Considerando esse processo, analise as afirmativas a seguir.

I) O tráfico negreiro, entre os séculos XVI e XVII, e a colonização da África, nos séculos XIX e XX, consolidou um processo de longa data. É possível entender esses dois períodos como uma escravidão continuada das etnias africanas.

II) O primeiro movimento de revolta contra a dominação europeia ocorreu, na verdade, fora da África. Os afrodescendentes do Haiti, no Caribe, iniciaram um movimento de libertação em 1791.

III) A divisão política da África pelas potências europeias desconsiderou a ocupação do território pelas tribos autóctones, colocando etnias distintas e às vezes rivais, coabitando uma mesma região, o que gerou diversos conflitos.

Agora, assinale a alternativa que apresenta as assertivas corretas:

a) I e II.

b) II e III.

c) I e III.

d) Todas as assertivas estão corretas.

3. Entre as contribuições conceituais de Juliys Nyerere como defensor da independência de seu país, assinale a alternativa que indica sua contribuição filosófica:

a) A definição de socialismo – principalmente, a acepção de socialismo africano.

b) A soberania da liberdade do indivíduo como valor superior ao grupo.

c) A tese de que era necessário às nações africanas voltar a viver como antes da colonização, independentemente do desconforto.

d) A criação de centros de comércio e consumo para enriquecer a sociedade como um todo, promovendo a ascensão capitalista.

4. Kwame Nkrumah notabilizou-se por conclamar a força identitária do povo ganês na luta contra os colonizadores. Sobre esse aspecto, assinale a alternativa correta:

a) O discurso inflamado de Nkrumah serviu como combustível para o povo ganês tentar colonizar outros povos.

b) O apelo à violência, ainda que apenas como discurso, é comum entre líderes que não têm outra habilidade, além do uso da violência.

c) O discurso de apelo à violência era um meio de Nkrumah manter o domínio colonialista sobre o povo.

d) Ao reafirmar a identidade ganesa, Nkrumah pretendia transformar uma sociedade colonizada em uma nação independente, preparada para o desenvolvimento.

5. Sobre a noção de humanismo de Kenneth Kaunda, primeiro presidente após a independência da Zâmbia, analise as afirmativas a seguir.

I) A noção de humanismo foi uma reivindicação cultural, por meio da qual se buscava a comunicação com o Ocidente.

II) A noção de humanismo refere-se a um modo de romper com todos os laços interculturais, principalmente os estabelecidos com o colonizador.

III) A noção de humanismo buscava efetivar o modo de ser, estar e agir africano, centrado nas várias etnias afro.

IV) A noção de humanismo procurava reintroduzir o valor inclusivo das comunidades tribais, em que a responsabilidade mútua era geradora de riqueza e abundância.

Agora, assinale a alternativa que apresenta as afirmativas corretas:

a) I e IV.

b) II e III.

c) I, II e IV.

d) I, III e IV.

Atividades de aprendizagem

Questões para reflexão

1. Para Kenneth Kaunda, o humanismo africano contrasta com a visão europeia sobre o indivíduo negro. Qual é a lógica empregada pelo colonizador para justificar suas ações contra o povo negro?

2. Reflita sobre o teor crítico da afirmação de Ahmed Sékou Touré: "A África é um continente de proletariado".

Atividade aplicada: prática

1. Nelson Rolihlahla Mandela foi, certamente, o maior líder da África moderna. Por liderar a luta pela liberdade da África do Sul, Mandela esteve preso por 27 anos, um dos fatores que o tornaram ícone da luta contra o regime de apartheid, nome dado ao conjunto de leis segregacionistas da África do Sul. A trajetória de Mandela é representada de maneira bastante sensível pelo diretor Bille August no filme *Mandela: luta pela liberdade* (no original, *Goodbye Bafana*). Assista ao filme e, em seguida, elabore um fichamento, analisando as ações desse personagem histórico de maneira crítica.

MANDELA: luta pela liberdade. Direção: Bille August. Bélgica, Alemanha, França, Itália, Luxemburgo, Reino Unido, África do Sul: Europa Filmes, 2007. 118 min.

Indicação cultural

NOVA África: um continente, um novo olhar. Direção: Mônica Monteiro. Brasil: Cinevídeo; TV Brasil, 2013. 26 min. Disponível em: <http://tvbrasil.ebc.com.br/novaafrica/episodio/liderancas-que-se-transformaram-em-herois-da-independencia-africana>. Acesso em: 20 abr. 2020.

Assista a esse vídeo e perceba o entusiasmo, a sabedoria e a articulação política dos líderes mencionados neste capítulo. Essas virtudes lhes permitiram sair do anonimato, ascender até o poder maior dos respectivos países, tornando-se exemplos para seus povos.

6
Filosofia africana no Brasil

Neste capítulo, nosso enfoque serão os nomes, as influências e o alcance do pensamento afro-brasileiro. Apresentaremos o filósofo Abdias do Nascimento, herdeiro da corrente pan-africana. Também trataremos de Renato Nogueira, que repercute o conceito de afrocentricidade. Nosso objetivo, aqui, é evidenciar como a cultura das etnias africanas moldam o sentido de ser afro-brasileiro.

6.1
Abdias do Nascimento e o legado pan-africano

O poeta e político Abdias do Nascimento nasceu em Franca, interior de São Paulo, em 1914. Foi criado entre a sabedoria africana dos mais velhos. Desde pequeno, conciliou estudos com trabalho para ajudar na renda doméstica. Alistou-se ao exército, quando, então, passou a morar na capital paulista.

Ainda no serviço militar, integrou o movimento Frente Negra Brasileira (FNB), que protestava pela inclusão do negro na sociedade de classes. O grupo combatia "em locais como hotéis, restaurantes e bares que impediam a entrada de negros. Nessa época, Abdias fez inclusive parte da comitiva que foi ao Rio de Janeiro protestar junto ao presidente Getúlio Vargas" (São Paulo, 2020).

Nascimento mudou-se para o Rio de Janeiro e começou a trabalhar como revisor de jornal, o que o fez se interessar pela atividade da escrita. Seguiu sempre engajado na luta política a favor de ações que promovessem a igualdade racial, tornou-se professor nos Estados Unidos e uma referência internacional em cultura negra.

A partir dos anos dois mil, Abdias receberia uma porção de homenagens e premiações em reverência à sua trajetória de vida, a começar pelas comemorações pelos seus noventa anos em 2003. No ano seguinte, ele receberia o Prêmio Toussaint Louverture pelos Extraordinários Serviços Prestados à Luta contra a Discriminação Racial, na sede da UNESCO em Paris. Abdias Nascimento faleceu em 24 de maio de 2011, aos 97 anos, vítima de uma pneumonia que se complicou e agravou problemas cardíacos. A herança de sua trajetória e ensinamentos se encontra presente na luta de cada um dos afrodescendentes, contra o racismo e a discriminação (São Paulo, 2020).

No livro *O negro revoltado*, Nascimento (1982, p. 18) defende e replica os valores pan-africanistas, problematizando o conceito de afro-brasileiro definido pela cultura europeia. Em um discurso ao Congresso dos Estados Unidos, em 1980, Nascimento (1982, p. 24-25) expõe seu entendimento de pan-africanismo:

> Meus irmãos e minhas irmãs; eu não vim a esta reunião para somar, às lágrimas e lamentações dos negros norte-americanos, aquelas dos negros brasileiros, e nem para chorar junto a vocês o destino infeliz da nossa raça. Nem tampouco vim aqui apenas para denunciar a situação de extrema destruição e opressão que pesa sobre meus irmãos afro-brasileiros e, diante dessa assembleia, registrar a minha inconformidade e o meu protesto. Não vim aqui para isso. O que inspira e que me move à ação se encontra muito além dessa fronteira de negação e de opróbrio. Meus motivos residem, antes, no horizonte e no contexto da festividade. Sim, este deve ser o instante da celebração simbólica da reunião dos membros da família africana, separada pelas forças anti-históricas do mal, e atirados para os vários cantos do chamado Novo Mundo.
>
> Uma celebração festiva requer as presenças vitais. Invoco, então, neste minuto, o axé[1], a força espiritual dos nossos ancestrais e dos nossos Orixás[2]: Saravá[3], Exú[4]!
>
> Nós estamos aqui reunidos como descendentes de africanos. Desde o âmago do nosso ser coletivo emergem, ao eco de incalculável dor e sofrimento, os mais altos e perenes valores daquilo que nossos ancestrais nos legaram, assim como o legado que nós deixaremos para as futuras gerações. Recebemos, dos nossos ancestrais, a herança dos quilombos africanos, e deixaremos para os nossos descendentes a criação positiva do Quilombismo. É esta a nossa celebração.

Fica visível, para todo aquele que capta as palavras de ordem do autor, que a dimensão pan-africana se traduz como um sentimento que

---

1 Sinônimo de energia, força, ânimo.

2 Entidades espirituais poderosas dos clãs, as quais personificam elementos da natureza como um todo.

3 Sinônimo de saudação.

4 Exú ou Eshu é o orixá da comunicação, da paciência, da ordem e da disciplina.

irmana todo o povo negro. Sob esse aspecto, devemos entender que a reivindicação de uma força identitária é um meio para sobrepujar a pecha de que os negros se revoltam sem motivo aparente.

O autor enfileira motivos para a justa revolta dos negros, mas alerta que a luta contra o racismo deve ser organizada e coesa. A união entre os discriminados os ajuda a compreender os processos de racismo estrutural que os atinge.

Ao apontar que a problemática negra está conectada a de outros países, Nascimento (1982) foi acusado de importar problemas estrangeiros. O autor se defende da seguinte maneira:

> Muito já dissera, e dirão, que meus contatos, os negros militantes dos Estados Unidos, tenham contribuído para modificar meu pensamento sobre a situação racial brasileira e sobre o racismo em geral. Equívoco, má fé, ou deslavada mentira. Com efeito, tal acusação até antecedeu minha estadia no estrangeiro: antes mesmo que eu tivesse saído do Brasil, era lugar comum atribuir ao negro que lutava pelos seus direitos de ser humano e de cidadão o desejo de 'importar' para o Brasil problemas norte-americanos, como se aqui jamais houvesse existido racismo. Acredito, no entanto, que tal posicionamento já esteja, atualmente, tão desacreditado que nem mereça que se gaste tempo e argumento em desmenti-lo. (Nascimento, 1982, p. 17-18).

É como se o filósofo estivesse nos perguntando: Tu acreditas certamente que ainda podes encontrar alguém que acredite não haver racismo no Brasil? Perceba:

> Devo observar de saída que este assunto de 'democracia racial' está dotado, para o oficialismo brasileiro, das características intocáveis de verdadeiro tabu. Estamos tratando com uma questão fechada, terreno proibido sumamente perigoso. Ai daqueles que desafiam as leis deste segredo! Pobres dos temerários que ousarem trazer o tema à atenção ou mesmo à análise científica! Estarão chamando a atenção para uma realidade social que deve permanecer escondida, oculta. (Nascimento, 1982, p. 45)

Abdias do Nascimento refundou o pensamento racial no Brasil ao apontar que o discurso sobre o negro no país estava fundado em uma cultura racista que impedia a autoafirmação do discriminado. Se reivindicasse a igualdade, mesmo que pela via do ativismo, era tachado como violento e ignorante das leis e do sistema. Os opressores, por outro lado, eram incapazes de ver qualquer violência na persistência do racismo na sociedade brasileira.

6.2
Renato Noguera e a afrocentricidade como fundamento da educação

Renato Noguera dos Santos Junior nasceu em 1972, no interior de São Paulo. Além da filosofia, foi marcado por dois signos fundamentais africanos: a circuncisão, feita pela avó materna, e o treinamento na tradição grio[1], ministrado pelo avô. Noguera tem um estilo incisivo de argumentação. Ele ressalta que, ao proclamarmos qualquer discurso filosófico, estamos assumindo determinado lugar como indivíduos.

O autor afirma que a tradição filosófica ocidental é incapaz de reconhecer suas influências de fora do continente, defendendo com veemência que o berço da filosofia não é a Grécia. Em oposição à perspectiva ocidental, Noguera (2015) defende o conceito de **afrocentricidade**. Influenciada por Maulana Karenga e Molefi Kete Asante (Gordon, 2008), essa concepção está envolta pelo sentimento pan-africano em seu chamado ao pertencimento racial. No intuito de conscientizar a população negra para a problemática, o autor aponta:

---

1 Trata-se dos cantadores e contadores que, por meio de sua música e de seu cantar, transmitem a sabedoria ancestral das culturas africanas de uma geração à outra (Lima; Nascimento; Oliveira, 2009).

entre os elementos mais importantes está a necessidade de tomar as perspectivas africanas e afrodiaspóricas como centro. Cabe enegrecer o que se entende por 'povos africanos'. Asante não deixa dúvidas, ser africana ou ser africano recobre todas as pessoas que estão fora do centro do continente africano, afrodescendentes e pessoas nativas; mas, não tem nada a ver com essencialismo; não se trata de buscar uma ideia mítica ou bases biológicas para aferir a filiação africana de uma pessoa. Nas palavras de Asante (2009, p. 102), 'africano é uma pessoa que participou dos quinhentos anos de resistência à dominação europeia'. Mas, ser africana ou africano não é sinônimo de ser afrocentrada(o). O que inclui africanas(os) no terreiro da afrocentricidade é a valorização de suas tradições ancestrais, um posicionamento consciente da necessidade de localizar os fenômenos e de promover a agência que se traduzem nas mais variadas formas de resistência à aniquilação psicológica, cultural, política e econômica dos povos africanos (Santos Junior, 2010, p. 4-5).

Santos Junior (2010) busca a crítica no âmbito comunicacional. Nesse aspecto, o autor defende a criação de recursos culturais africanos contra a opressão e o racismo – explicitado ou presente de forma estrutural na sociedade brasileira.

6.3
Henrique Cunha Junior e a tecnologia africana no Brasil

Henrique Cunha Junior nasceu em 1952, na cidade de São Paulo. Graduou-se em Engenharia Elétrica e em Sociologia, fez mestrado em História e, na França, cursou doutorado em Engenharia Elétrica. Atualmente, é professor na Universidade Federal do Ceará (Literafro, 2018).

Em *Tecnologia africana na formação brasileira*, Cunha Junior (2010, p. 7-10) aponta suas motivações e seus objetivos como pensador da questão negra:

O texto que segue sobre tecnologia africana foi escrito pensando no ensino de história e cultura africana e nas formulações dadas ao racismo antinegro na sociedade brasileira. [...] na história do Brasil o acerto tecnológico transmitido pelas populações negras ao país não aparece, nem mesmo as profissões exercidas pelos africanos e afrodescendentes na condição de escravizados ou de livres também não aparecem. A flora e a fauna brasileira apresentam um número enorme de espécimes vindos do continente africano, estes vieram pela sua utilidade e por fazerem parte do acervo civilizatório africano no qual se estruturou a sociedade brasileira. O Brasil, Colônia e império, em seus aspectos tecnológicos, começa no continente africano e nos conhecimentos trazidos pela mão de obra africana. Assim, é muito importante termos conhecimento mínimo das tecnologias africanas desenvolvidas na história do Brasil.

A abordagem histórica de Cunha Junior (2010) descreve como os povos africanos superaram os europeus em muitas áreas do saber. Técnicas e tecnologias importantes, como a produção de tecidos e a construção com madeira, tiveram desenvolvimento mais complexo em solo africano. Após o contato com povos árabes e orientais, os africanos passaram a desenvolver conhecimentos matemáticos, astronômicos e medicinais inovadores.

Em *Tear africano: contos afrodescendentes*, Cunha Junior (2004, p. 8) ressalta o papel dos africanos na construção do Brasil – um trabalho que continua a ser negado pelo pensamento oficial:

considero este livro apenas uma malha do tecido africano que constitui parcela significativa da história e da cultura nacional. Este país é uma imensa consequência de sucessivas vagas de imigrações africanas. Os primeiros tecidos feitos nesta terra saíram de teares africanos, de africanas tecendo o pano. A ignorância e a arrogância dos que nos desconhecem sempre nos fez aparecer na História como seres nus, vindos de supostas tribos de homens nus. Meus textos protestam contra esse descaso da ignorância e insistem na persistência da dignidade humana, dignidade que representamos e constantemente propomos para a sociedade brasileira como forma civilizada e civilizadora. A bagagem africana tem saberes vários, tecnologias, medicina, propostas políticas, bagagem que o Brasil se especializou em desconhecer e cuja dimensão não ousa imaginar. Tear africano é um chamado a essa imaginação. Trabalha contra a corrente que nega africanos e descendentes de africanos como construtores inteligentes de uma cultura.

Tomemos dois exemplos de tecnologias (o adobe e a taipa de pilão) para exemplificar o impacto da inteligência africana no Brasil:

adobe, taipa de pilão, taipa de mão são técnicas construtivas com terra crua para casas e edifícios, encontradas em grande escala no período colonial, mas em uso até hoje, e que foram introduzidas e difundidas no Brasil pelos africanos. O adobe é um tijolo de terra crua, geralmente muito grande com relação aos tijolos de hoje, cuja técnica de produção implica ser seco inicialmente à sombra e depois ao sol. Este tijolo é muito utilizado na África do Rio Níger. Para constituição do tijolo de adobe se misturam argila, fibra vegetal, estrume de gado e óleos vegetais ou animal.

A taipa de pilão, utilizada para alicerce e para paredes, se produz da massa de terra crua socada como no pilão. À massa de terra crua se acrescentam esterco animal, fibras vegetais, óleos e sangue de animais. Estes são emparelhados em formas de madeiras de onde vem o nome de taipa. A taipa de mão é uma versão menos elaborada e menos trabalhosa da taipa de pilão. Esta também recebe o nome de 'pau a pique'. Sobre a trama de galhos de árvores amarrados com arame, cipó ou fibra vegetal, é aplicada massa igual à da taipa de pilão, mas com a mão tendo uma menor compactação. (Cunha Junior, 2010, p. 28-29)

A importação de técnicas, tecnologias e produtos africanos (sabão, óleo, instrumentos e móveis de madeira etc.) revela uma presença africana no desenvolvimento do Brasil muito mais ampla que a comumente reconhecida pela historiografia do país. Podemos dizer que, sem a contribuição negra, o Brasil seria muito diferente não somente em sua cultura, mas também em sua economia.

6.4
Abolição inacabada e a formação afro-brasileira

O Brasil aboliu a escravidão no ano de 1888, o último do regime monárquico. No ano seguinte, o país proclamaria a República e começaria um novo período de sua história. A temática da escravidão foi central nesse processo, como veremos a seguir..

Sabemos que, na prática, um país não muda de regime político da noite para o dia. De forma semelhante, uma sociedade racista não se torna igualitária pela mera assinatura de uma lei.

A historiadora Wlamyra R. de Albuquerque (2009), no livro *O jogo da dissimulação: abolição e cidadania negra no Brasil*, descreve a lógica social brasileira com relação ao negro, adotando como ponto de partida a abolição da escravatura.

Desde a chegada da família real ao Brasil, políticos, diplomatas e juristas se viam às voltas com a obstinada pressão inglesa em prol da emancipação dos escravos. Foram incessantes as investidas diplomáticas e comerciais dos britânicos. [...] Mesmo depois de aprovada a lei de 1831 proibindo o tráfico transatlântico para o Brasil, o que os ingleses viram foi a habilidade brasileira para driblá-la e o incremento, até meados do século, da lucrativa indústria de importação de africanos para os trópicos. Dissimulação e sabotagem, como adjetivou Ubiratan Castro, foram as principais políticas brasileiras frente à coação dos ingleses. [...] Segundo Pierre Verger, o governo brasileiro se queixava de que, depois da lei de 1831, os 'cruzadores britânicos, detinham e visitavam os vasos' nacionais em águas brasileiras e especialmente logo à saída do porto da Bahia. Naquele momento de consolidação da independência nacional, tamanha insistência indignava os políticos brasileiros e transformava a defesa do tráfico em questão de soberania. No mais, os ingleses tinham os seus interesses na África e na América e continuaram a tê-los depois de 1850, quando o tráfico atlântico foi finalmente extinto. Afinal, pela larga barra da baía ainda adentrava a máquina mercante britânica. [...] Entretanto, o Conselho de Estado não temeu prejuízos comerciais ao negar um pedido do cônsul inglês que, em 1877, se empenhou para garantir a permanência na Bahia de dezesseis libertos africanos retornados da costa da África. Eram comerciantes que, com passaportes expedidos em Lagos, já possessão inglesa, pretendiam negociar na capital da província. A chegada deles provocou um incidente diplomático que ocupou o Conselho de Estado do Império. Situação inusitada. Dessa vez, os ingleses queriam que os africanos aqui se estabelecessem, os brasileiros é que não estavam mais dispostos a importar negros. Como se verá, os argumentos pró e contra o trânsito entre o Brasil e a costa africana pendiam ao sabor das conveniências comerciais e convicções ideológicas. (Albuquerque, 2009, p. 45-46)

Infelizmente, o caso dos comerciantes negros repete-se com frequência na sociedade brasileira. O negro continua a ser olhado com desconfiança. É considerado suspeito somente pela cor da pele.

Embora existam leis antidiscriminação, elas não são capazes de coibir os pequenos atos racistas do dia a dia, que se manifestam como resquícios do pensamento colonizador. Se o negro alcança uma posição social de destaque ou ascende economicamente, às vezes é possível ler no olhar dos outros a seguinte indagação: O que será que esse aí faz para se vestir assim?

A historiadora Luana Tolentino (citada por Viana, 2017) descreve outra manifestação de racismo estrutural:

"Você faz faxina?". Espantada com a abordagem, Luana respondeu: "Não. Faço mestrado. Sou professora". Com a resposta, a mulher, que a historiadora jamais tinha visto, seguiu adiante.
– Primeiro eu tive um impacto, mas infelizmente é algo recorrente. É como se fosse um soco no estômago e você perde o ar, sabe? Mas aí, como a gente passa por um longo processo de afirmação, eu consegui responder. Ela não respondeu mais e ficou impactada pela minha resposta. [...] – falou Luana.
[...]

- Eu já fui faxineira e acho uma profissão muito digna. Não fiquei ofendida. Algumas pessoas falaram para mim, "ah, mas só porque ela achou que era faxina?" Não é isso. É um sentimento de "poxa vida, por que ela tem que achar que eu só posso ser faxineira?"

Esses tristes relatos ressaltam a importância de conscientizar a população negra sobre a noção de pertencimento a um povo. O reconhecimento da igualdade somente poderá ser reconhecido e reivindicado por quem se sente inferiorizado.

6.5
Tendências da negritude atual

A agenda afro-brasileira pauta-se na formação valorativa e emancipadora do povo negro no país. A educação tem sido a principal frente de atuação das militâncias negras. É possível perceber isso em diversos estudos e, também, comprovar na prática ao observar a formação continuada dos educadores sociais. A Lei n. 10.639, de 9 de janeiro de 2003, representa um marco ao estabelecer a promoção da diversidade como diretriz da política educacional do Brasil. Esse texto implantou e regulamentou o ensino da história e da cultura africana e afrodescendente nas escolas brasileiras (Brasil, 2003).

Desde que a lei começou a ser discutida, pesquisadoras e pesquisadores negros deram importantes contribuições ao debate. E, uma vez aprovado o projeto, ajudaram a difundi-lo, inclusive, explicando os pontos mais complexos. Professores de diversas áreas do conhecimento produziram pesquisas acadêmicas, palestras, oficinas de formação, entrevistas, debates, traduções, livros e artigos de revista. Hoje, é bastante nítido que a questão racial está inserida no debate público brasileiro.

Entretanto, ainda há muito trabalho a ser feito, pois percebemos que a presença física e intelectual negra ainda é minoritária em posições sociais de destaque, e não apenas no Brasil.

Jair Santana (2010), professor na rede pública de ensino, pesquisou as práticas de professores da educação básica, buscando descobrir que tipo de atividade desenvolvem à luz da Lei n. 10.639/2003 (Brasil, 2013). Santana (2010, p. 232-233) afirma:

> Esta pesquisa, ao analisar a implementação da obrigatoriedade legal do ensino da Cultura Afro-Brasileira e Africana na escola, [...] buscou fundamentalmente saber, após sete anos de promulgação da Lei, como, na opinião dos professores da disciplina de Arte de escolas públicas de um município paranaense, (1) está sendo esta implementação e (2) de que maneira tem contribuído para a pedagogia antirracista a forma como tem se dado esta implementação em sua própria disciplina.
>
> Os dados empíricos obtidos nesta pesquisa permitem defender a tese de que a implementação que hoje se dá na disciplina de artes para as séries iniciais do município analisado, pode ser caracterizada como uma Folclorização Racista, cujas consequências alimentam a afirmação do preconceito ao invés de seu combate, como é o objetivo das Políticas Afirmativas.
>
> A "folclorização racista" [...] é um fenômeno que se dá involucrado na folclorização, [...] e é mascarado por ela. É um fenômeno multi-determinado, cujas causas aqui captadas são: o Mito da Democracia Racial; a Naturalização do Privilégio; o não discernimento entre diversidade e desigualdade; o preconceito do próprio sujeito professor; o fato de a disciplina de Artes não constituir campo epistemológico definido; a não compreensão do que sejam Políticas Afirmativas; a não contextualização da Lei como uma política afirmativa; o não-lugar de responsabilidade para a implementação da Lei nas próprias escolas; a total ignorância de consciência e de atitude em relação ao negro e sua cultura, bem como a naturalização pejorativa com ou sem intenção de fazê-lo das características culturais e de aparência nos espaços escolares.

Na tese, Santana (2010) aponta a inexistência de uma perspectiva antirracista na educação brasileira, mesmo após a promulgação da referida lei. A efetividade pedagógica em nossas instituições de ensino embasa-se em uma dinâmica que se apresenta sob características raciais (Santana, 2010) – talvez conscientemente, embora isso jamais seja admitido. A escola, portanto, reflete a dominação cultural, da estrutura social em que o(a) estudante negro(a) é constantemente incentivado a compreender que os valores que o identificam não deveriam ser cultivados. Por exemplo, a musicalidade negra (*rap*, *funk* e samba) das comunidades periféricas – em grande parte compostas por negros e pardos –, quando ultrapassa as vielas das favelas, é acolhida, pela maioria da população, de maneira estigmatizada em razão do prejulgamento e da segregação racial. Se para o(a) estudante essa forma de cultura identifica as raízes de onde se vem e com se vivencia o mundo, na escola é, em geral, tratada como vulgar, baixa e até mesmo como "não música!"

Apesar das dificuldades, partilhamos com Santana (2010) a resistência e a esperança. O professor e pesquisador aponta um caminho:

Ainda que discordando do "remédio" sugerido pela professora Belmira[1], que propõe um tipo de "homeopatia de tratamento" – visto que esta sugestão de conduta traz embutida em si a concepção da negação das Políticas Afirmativas –, é ela quem melhor expressa a tese defendida aqui quando diz [...] que é interessante ver que muitas vezes quando as pessoas [...] enfatizam o trabalho da cultura africana [acabam elas mesmas] [...], incutindo muito mais o preconceito [do] que se [...] viessem fazendo isso aos poucos no seu dia a dia com as crianças. [...] Tá muito incutido em nós [...] esse inconsciente ainda é muito forte.

---

1 Os nomes destinados aos entrevistados na pesquisa de Santana (2010) foram alterados pelo autor original para preservá-los.

Assim, no dizer da professora Belmira – que por sua vez, também se reconhece como ignorante do conteúdo a ser trabalhado conforme a prescrição da Lei –, as políticas afirmativas, mais especificamente a Lei n. 10.639/2003, quando executadas por quem é fortemente impregnado pelo preconceito, produzem uma reação paradoxal.

Portanto, pode-se afirmar que esse trabalho confirma o que já disse Baibich-Faria [...] acerca das responsabilidades do racismo na escola: "os professores, que não podem ser taxados de vilões, visto que a responsabilidade pela formação não é individual, produzem e reproduzem, no cotidiano da sala de aula, avarias anímicas irreparáveis, isto é, produzem vítimas". (Santana, 2010, p. 233).

Entre nações que almejam o desenvolvimento, o sistema de educação aponta o horizonte desejado para as próximas gerações. A crítica retirada da tese do professor Jair Santana (2010) serve para recalibrar nossos preceitos educacionais em relação à igualdade entre negros e brancos. O movimento negro é diverso, composto por várias classes, religiões, posições políticas e interesses culturais. Essa diversidade mostra a grandeza da negritude como identidade múltipla.

Síntese

Neste capítulo, abordamos alguns autores e pesquisas em filosofia africana realizadas no Brasil. Destacamos que o país encontra as mesmas dificuldades de respeito e de reconhecimento da população negra. Apontamos a persistência do racismo estrutural, que dificulta a luta antidiscriminatória. Também ressaltamos que, felizmente, ainda há pensadores e cientistas empenhados em promover a filosofia africana e suas decorrências éticas.

Evidenciamos as influências do pan-africanismo em escritores como Abdias do Nascimento e Renato Noguera dos Santos Junior. Nesse contexto, o conceito de afrocentricidade foi fundamental para construir a noção de negritude. Por fim, a pesquisa de Jair Santana revelou que a temática africana ainda está, em grande medida, ausente da formação escolar.

Atividades de autoavaliação

1. O brasileiro Abdias do Nascimento é um renomado professor internacional, célebre por suas contribuições ao pensamento negro, que influenciaram a militância antirracista. Sobre a obra de Nascimento e a militância do movimento negro, assinale a alternativa correta:

   a) A militância negra almejava provar a superioridade física, cognitiva e mental dos negros em todo o mundo.

   b) A militância negra buscava promover a igualdade racial, embora, biologicamente, o termo *raça* não apresente caráter científico.

c) A militância negra foi concebida como um forma de combater a ideologia nazista, que propagava o mito da superioridade da raça branca ariana.

d) A militância negra foi uma forma encontrada por Abdias do Nascimento para não cumprir o serviço militar obrigatório.

2. A obra *O negro revoltado*, de Abdias do Nascimento (1982), tem papel indiscutível para a luta do movimento negro no Brasil. Assinale a alternativa que expõe a tese central desse livro:

a) A tese central explora a condição do indivíduo negro no Brasil, de modo a mostrar que se trata de uma pressuposição social injustificável a pecha de revoltoso ao negro.

b) A tese central é a justificativa de que as revoltas dos negros no tempo do Brasil Colônia foram legítimas, pois se tratava da própria manutenção da independência do país.

c) A tese central reside na argumentação de que o revoltado, independentemente de ser negro ou não, pode trazer prejuízo para a sociedade em vivência pacífica.

d) A tese central se perfaz no julgamento a respeito da forma como o negro encara o branco e como ambos se descartam mutuamente, em um processo de isonomia social.

3. Sobre a filosofia da afrocentricidade de Renato Noguera dos Santos Junior, é possível afirmar:

a) O Ocidente é o porta-voz da filosofia em todos os tempos. Isso ocorre, principalmente, pelo fato de o pensamento filosófico ter surgido na Grécia, por volta do século VII a.C. É necessário, portanto, defender a visão europeia de filosofia.

b) Ao longo da história, os demais povos se beneficiaram da filosofia criada pelos gregos. Os avanços científicos da atualidade são decorrentes de descobertas científicas, e estas, do modelo de base racional desenvolvido na Europa.

c) A tradição filosófica eurocêntrica credita indevidamente aos gregos a origem do pensamento filosófico, refutando a influência e o mérito de povos não europeus.

d) Recentemente, surgiu uma nova abordagem descentrada do continente europeu, problematizando sua perspectiva a partir do pensamento afrocêntrico.

4. Com base na reflexão de Henrique Cunha Junior sobre o conceito de tecnologia, assinale a alternativa correta:

a) Os africanos e os afrodescendentes deixaram um legado tecnológico para o Brasil em várias das áreas do conhecimento que dominavam. Parte do desenvolvimento do país é derivado desse conhecimento.

b) Sem o emprego de tecnologia europeia, utilizada desde o tempo da Colônia, o Brasil jamais teria alcançado o desenvolvimento.

c) Os negros que chegavam ao Brasil com conhecimentos tecnológicos escapavam do jugo da escravidão. Somente eram escravizados os negros sem nenhum tipo de aptidão intelectual.

d) A distância tecnológica que separa a África dos demais continentes é tão grande que, ainda hoje, observamos que mesmo países da periferia do capitalismo ocidental, como o Brasil, têm mais tecnologia que as nações africanas.

5. Os limites da abolição da escravidão são percebidos ainda hoje em nossa sociedade – de forma mais evidente, em manifestações de racismo estrutural. Assinale a alternativa que expõe a fragilidade do ato político que foi a abolição:

a) É importante notar que nenhum negro mais é cativo de nenhum senhor. Dito isso, a abolição consolidou-se no dia seguinte ao de sua promulgação, porém, é inegável que algumas pessoas ainda são tratadas de maneira errada, porque outros não conseguem compreender a igualdade de direitos.

b) O movimento negro ou da causa negra, em grande medida, assume uma postura radical e revoltosa contra um passado que não existe mais. Isso dificulta a inserção das pessoas negras nos lugares devidamente ocupados por pessoas não negras.

c) Para além de um ato político, a abolição também foi um ato humanitário que devolveu às pessoas de todas as etnias suas reais condições de galgarem, pelos próprios esforços e méritos, uma posição social relevante.

d) Sob qualquer contexto, é preciso entender que há necessidade de promover uma formação consciente da população negra, que, com a resistência de sempre, deve continuar lutando para que a abolição se consolide.

Atividades de aprendizagem

Questões para reflexão

1. Reflita sobre as prerrogativas da Lei n. 10.639/2003 (Brasil, 2003), que implanta e regulamenta o ensino da história e cultura africana e afro-brasileira na educação básica. Também discuta as posturas pedagógicas dos docentes a respeito do tema.

2. Qual a importância da Lei n. 10.639/2003 (Brasil, 2003)? Aponte a necessidade de promover a defesa da lei, propondo soluções para que ela se torne efetiva na educação brasileira. Contudo, não fique preso ao âmbito legalista. Promova uma discussão ampla, que também englobe valores sociais.

Atividade aplicada: prática

1. Consulte a página do *site* das Organizações das Nações Unidas (ONU) referente à Década Internacional de Afrodescendentes. Você encontrará diversos materiais sobre a contribuição negra ao pensamento e à cultura mundial, além de informações sobre o combate ao racismo e às práticas segregacionistas. Elabore um texto analisando o projeto Década Internacional de Afrodescendentes, apontando os impactos e as possibilidades que podem advir desse movimento internacional capitaneado pela ONU.

ONU – Organização das Nações Unidas. **2015-2024**: década internacional de afrodescendentes. Disponível em: <www.decada-afro-onu.org>. Acesso em: 20 abr. 2020.

Indicações culturais

SANSONE, L. **Negritude sem etnicidade**: o local e o global nas relações raciais, culturas e identidades negras do Brasil. Tradução de Vera Ribeiro. Salvador: Edufba, 2003.

Leia o primeiro capítulo dessa obra, intitulado "Pais negros, filhos pretos: trabalho, cor, diferença entre gerações e o sistema de classificação racial num Brasil em transformação". O autor destaca que a formação identitária do negro brasileiro é mais que um elemento heterônomo (no sentido de ser ditada por outro povo) – é, acima de tudo, autorreconhecimento e pertencimento.

ILUMINURAS – Literatura Afrodescendente e #ConsciênciaNegra. Disponível em: <https://www.youtube.com/watch?v=efIA6Q0w8Kc&index=7&list=PLVwNANcUXyA-uCpVIslCFZaR-SokNhM_2S&t=0s>. Acesso em: 28 jan. 2020.

Este programa da TV Justiça analisa diversas obras e autores do pensamento negro, expondo a visão crítica, histórica e, por vezes, lúdica das pessoas negras do Brasil.

para concluir...

Para começar a conhecer a filosofia africana, é preciso, primeiramente, compreender os conceitos de negritude, diáspora negra e pan-africanismo. Essa tríade teórica pode ser encontrada em diversas referências, tanto sagradas quanto profanas. Ao longo do século XX, diversos pensadores negros construíram suas obras em torno desses três conceitos, empregando-os para refletir sobre o tempo e o lugar de suas vidas.

Nesse sentido, a identificação e a pertença do negro fortalecem-no, e esse entendimento é possibilitado pela definição filosófica de negritude, que começou 100 anos atrás e segue em debate. A exaltação da raça negra é um movimento pela igualdade, um movimento que se distancia de qualquer tipificação de "racismo reverso", o pseudoconceito que afirma existir uma tendência de o movimento negro diminuir o branco, em uma suposta vingança pelo preconceito sofrido.

Outra armadilha que o pensamento negro deve evitar é a apropriação cultural, que ocorre quando os símbolos da negritude são assimilados em itens de consumo e usados por pessoas que ignoram a luta do povo negro. Nesse movimento, os símbolos perdem seu significado político, histórico e cultural, tornando-se meras grifes a ser exploradas por grandes indústrias.

Em todas as frentes de combate intelectual, o pensamento negro luta contra o esvaziamento da cultura negra. No Brasil, onde as marcas da escravidão ainda desenham um triste retrato de nossa sociedade atual, a filosofia pede uma condução para a razão e a superação dos velhos e persistentes preconceitos.

Todas as pessoas afetadas pelo racismo devem engajar-se nesse debate. A sociedade necessita se reeducar e superar o passado racialista. Entretanto, a real transformação requer uma práxis, de forma a agendar a mudança localmente.

Vivemos um momento em que o melhor da modernidade parece já ter sido deixado para trás. Quando a própria ideia de direitos humanos mostra-se combalida, como recuperar a esperança que sua ideia subordinada – a de igualdade racial – seja efetivada? É preciso, portanto, recuperar o humanismo, inserindo nele a reflexão sobre a identidade negra. Afinal, a luta contra o preconceito é uma luta para toda a humanidade.

referências

ALBUQUERQUE, W. R. de. **O jogo da dissimulação**: abolição e cidadania negra no Brasil. São Paulo: Companhia das Letras, 2009.

AKOKO, Paulo Mbuya. **Luo Kitgi gi Timbegi**. Nairobi: East African Standard, 1938.

APPIAH, K. A. **In my Father's House**: Africa in the Philosophy of Culture. Oxford: Oxford University Press, 1992.

ASANTE, M. K. **Afrocentricity.** 13 abr. 2009. Disponível em: <http://asante.net/articles/1/afrocentricity>. Acesso em: 20 abr. 2020.

_____. Uma origem africana da filosofia: mito ou realidade? **Revista de Humanidades e Letras**, v. 1, n. 1, 2014. Disponível em: <http://www.capoeirahumanidadeseletras.com.br/ojs-2.4.5/index.php/capoeira/article/download/13/12>. Acesso em: 20 abr. 2020.

BABA, K. I. **Sékou Touré**: le héros et le tyran. Paris: Jeune Afrique Livres, 1987.

BINEY, A. **The Political and Social Thought of Kwame Nkrumah.** New York: Palgrave Macmillan, 2011.

BRASIL. Lei n. 9.394, de 20 de dezembro de 1996. **Diário Oficial da União**, Poder Legislativo, Brasília, DF, 23 dez. 1996. Disponível em: <http://www.planalto.gov.br/ccivil_03/leis/l9394.htm>. Acesso em: 20 abr. 2020.

BRASIL. Lei n. 10.639, de 9 de janeiro de 2003. **Diário Oficial da União**, Poder Legislativo, Brasília, DF, 10 jan. 2003. Disponível em: <www.planalto.gov.br/ccivil_03/LEIS/2003/L10.639.htm>. Acesso em: 20 abr. 2020.

CÉSAIRE, A. **Discurso sobre o colonialismo.** Tradução de Mario de Andrade. Lisboa: Sá da Costa, 1978.

COETZEE, P. H.; ROUX, A. P. J. **The African Philosophy Reader.** London: Routledge, 2003.

CUNHA JUNIOR, H. **Tecnologia africana na formação brasileira.** Rio de Janeiro: Ceap, 2010.

CUNHA JUNIOR, H. **Tear africano**: contos afrodescendentes. São Paulo: Selo Negro, 2004.

DESCARTES, R. **Discurso do método.** 2. ed. São Paulo: M. Fontes, 2001.

DIALLO, A. **Sékou Touré 1957-1961:** Mythe et Réalités d'un Héros. Paris: L'Harmattan, 2008.

DU BOIS, W. E. B. **As almas do povo negro.** Tradução de José Luis Pereira da Costa. 3 out. 1998. Disponível em: <https://afrocentricidade.files.wordpress.com/2016/04/as-almas-do-povo-negro-w-e-b-du-bois.pdf>. Acesso em: 20 abr. 2020.

EBOH, M. P. Teia androcêntrica e filosofia ginista. **Quest: An African Journal of Philosophy,** v. XIV, n. 1-2, p. 103-111, 2000. Disponível em: <https://filosofia-africana.weebly.com/uploads/1/3/2/1/13213792/marie_pauline_eboh_-_teia_androc%C3%AAntrica_e_filosofia_ginista.pdf>. Acesso em: 20 abr. 2020.

FANON, F. **Pele negra, máscaras brancas.** Tradução de Renato da Silveira. Salvador: Edufba, 2008.

GIL, M. M. **Ideology and the Possibility of African Political Theory:** African Socialism and "Ubuntu" Compared. Fundación para las Relaciones Internacionales y el Diálogo Exterior (FRIDE) – Madrid. In: CONGRESSO IBÉRICO DE ESTUDOS AFRICANOS, 7., 2010, Lisboa. Disponível em: <https://repositorio.iscte-iul.pt/bitstream/10071/2234/1/CIEA7_17_GIL_Ideology%20and%20the%20possibility%20of%20African%20political%20theory.pdf>. Acesso em: 20 abr. 2020.

GORDON, L. R. **An Introduction to African Philosophy.** Cambridge: Cambridge University Press, 2008.

HALLEN, B. **A Short History of African Philosophy.** Indiana: Indiana University Press, 2002.

HOUNTONDJI, P. J. Knowledge of Africa, Knowledge by Africans: Two Perspectives on African Studies. National University of Benin, **RCCS Annual Review**, p. 1-11, set. 2009. Disponível em: <https://www.ces.uc.pt/publicacoes/annualreview/media/2009%20issue%20n.%201/AR1_6.PHountondji_RCCS80.pdf>. Acesso em: 20 abr. 2020.

HOUNTONDJI, P. J. **Sur la "Philosophie Africaine", Critique de l'Ethnophilosophie**. Paris: François Maspero, 1977.

HOUNTONDJI, P. J. An Alienated Literature. In: COETZEE, P.; ROUX, A. P. J. **The African Philosophy Reader**. London: Routledge, 2003. p. 141-146.

HUDSON, J. **A Time to Mourn**: a Personal Account of the 1964 Lumpa Church Revolt in Zambia. Lusaka: Bookworld Publishers, 1999.

JOHNSTON, H. H. **A History of the Colonization of Africa by Alien Races**. London: Cambridge University Press, 1899.

KAGAME, A. **La Philosophie Bantu Comparée**. Paris: Présence Africaine, 1976.

KAGAME, A. **La Philosophie Bantu-Rwandaise de l'Être**. Roma: Pontificia Universitate Gregoriana, 1955.

KARENGA, M. Kwanzaa and the Seven Principles: Willing the Well-being of the World. **Los Angeles Sentinel**, Los Angeles, p. 1-2, 27 dez. 2007. Disponível em: <http://www.us-organization.org/position/documents/KwanzaaandtheSevenPrinciples.pdf>. Acesso em: 20 abr. 2020.

KASHINDI, J. B. K. La dimensión ético-política de ubuntu y la superación del racismo en "nuestra América". 329 f. Tese (Doutorado em Estudos Latino-americanos) – Facultad de Filosofía y Letras, Universidad Nacional Auttónoma de México, México D.F., 2015.

KASHINDI, J. B. K. **Ubuntu como ética africana, humanista e inclusiva.** Tradução de Henrique Denis Lucas. São Leopoldo: Ed. da Universidade do Rio dos Sinos, 2017.

KI-ZERBO, J. (Ed.). **História geral da África.** 2. ed. rev. Brasília: Unesco, 2010. v. I.

KAUNDA, K. **A Humanist in Africa.** London: Camelot Press, 1966.

KODJO-GRANDVAUX, S. **Philosophies Africaines.** Paris: Présence africaine, 2013.

LEWIN, A. Ahmed Sékou Touré (1922-1984): Président de la Guinée de 1958 à 1984. Paris: L'Harmattan, 2009. (Tomo II – 1956-1958).

LIMA, T.; NASCIMENTO, I.; OLIVEIRA, A. (Org.). **Griots:** culturas africanas – linguagem, memória, imaginário. Natal: Lucgraf, 2009.

LITERAFRO. Henrique Cunha Jr. 21 set. 2018. Disponível em: <http://www.letras.ufmg.br/literafro/autores/276-henrique-cunha-jr>. Acesso em: 20 abr. 2020.

MACHADO, R. Metafísicas africanas: eu sou porque nós somos. **IHU Online,** São Leopoldo, ed. 477, p. 85-92, 16 nov. 2015. Disponível em: <http://www.ihuonline.unisinos.br/artigo/6252-jean-bosco-kakozi-kashindi>. Acesso em: 20 abr. 2020.

MAGNOLI, D. **Uma gota de sangue:** história do pensamento racial. São Paulo: Contexto, 2009.

MALHERBE, J. G.; KAPHAGAWANI, D. N. Introdution African Philosophy. In: COETZEE, P. H.; ROUX, A. P. J. **The African Philosophy Reader.** London: Routledge, 2003.

MASOLO, D. African Sage Philosophy. The Stanford Encyclopedia of Philosophy. 2016. Disponível em: <https://plato.stanford.edu/archives/spr2016/entries/african-sage/>. Acesso em: 20 abr. 2020.

MATTOS, I. G. de. Estética afro-diaspórica e o empoderamento crespo. Pontos de Interrogação: Revista de Crítica Cultural do Programa de Pós-Graduação em Crítica Cultural da Universidade do Estado da Bahia, Alagoinhas, v. 5, n. 2, p. 37-53, 2015. Disponível em: <https://www.revistas.uneb.br/index.php/pontosdeint/article/download/2161/1494>. Acesso em: 20 abr. 2020.

MOREL, M. A revolução do Haiti e o império do Brasil: intermediações e rumores. Revista Anuário de Estudios Bolivarianos, ano XI, n. 12, p. 189-212, 2005.

MOSIMA, P. M. Philosophic Sagacity and Intercultural Philosophy: Beyond Henry Odera Oruka. Warandelann: University Tilburg, 2016. Disponível em: <https://pure.uvt.nl/ws/files/10193592/Mosima_16_02_2016.pdf>. Acesso em: 20 abr. 2020.

MUNANGA, K. Mestiçagem e experiências interculturais no Brasil. In: SCHWARCZ, L. M.; REIS, L. V. de S. Negras imagens. São Paulo: Edusp, 1996.

NASCIMENTO, A. do. O negro revoltado. 2. ed. Rio de Janeiro: Nova Fronteira, 1982.

NASCIMENTO, S. Kwanzaa, o "natal africano" que celebra a união e valorização dos afrodescendentes. 29 nov. 2013. Disponível em: <https://mundonegro.inf.br/kwanzaa-o-natal-africano-que-celebra-a-uniao-e-valorizacao-dos-afrodescendentes>. Acesso em: 20 abr. 2020.

NOGUERA, R. Renato Noguera, professor e pensador: 'Filosofia é o bichinho de pelúcia do Ocidente'. **O Globo**, 23 fev. 2015. Entrevista. Disponível em: <https://oglobo.globo.com/sociedade/conte-algo-que-nao-sei/renato-noguera-professor-pensador-filosofia-o-bichinho-de-pelucia-do-ocidente-154 15321#ixzz5QGgWYyMnstest>. Acesso em: 20 abr. 2020.

NYERERE, K. J. Ujamma: the Basis of African Socialism. **The Journal of Pan African Studies**, v. 1, n. 1, p. 4-11, 1987. Disponível em: <https://www.jpanafrican.org/edocs/e-DocUjamma3.5.pdf>. Acesso em: 20 abr. 2020.

OBENGA, T. **La Philosophie Africaine de la Période Pharaonique**. Paris: L'Harmattan, 1990.

OMOREGBE. La filosofía africana: ayer y hoy. In: EZE, E. C. **Pensamiento africano**: filosofía. Barcelona: Ediciones Bellaterra, 2002.

ONU – Organização das Nações Unidas. **2015-2024**: década internacional de afrodescendentes. Disponível em: <www.decada-afro-onu.org>. Acesso em: 20 abr. 2020.

ORUKA, H. O. Four Trends in Current African Philosophy. In COETZEE, P.; ROUX, A. P. J. **The African Philosophy Reader**. London: Routledge, 2003. p. 141-146.

ORUKA, H. O. **Sage Philosophy**. Nairobi: Acts Press, 1991.

ORUKA, H. O. **Sage Philosophy**: Indigenous Thinkers and Modern Debate on African Philosophy. Nairobi: African Center for Technological Studies Press, 1990.

ORUKA, H. O. **Trends in Contemporary African Philosophy**. Nairobi: Shirikon Publishers, 1990.

OSEGHARE, A. S. Sagacity and African Philosophy. International Philosophical Quarterly, v. 32, n. 1, p. 95-104, mar. 1992. Disponível em: <https://www.pdcnet.org/scholarpdf/show?id=ipq_1992_003 2_0001_0095_0104&pdfname=ipq_1992_0032_0001_0095_0104. pdf&file_type=pdf>. Acesso em: 20 abr. 2020.

OSEGHARE, A. S. **The Relevance of Sagacious Reasoning in African Philosophy**. 228 f. Tese (Doutorado em Filosofia) – University of Nairobi, Nairobi, 1985. Disponível em: <http://ere pository.uonbi.ac.ke/bitstream/handle/11295/23580/Oseghare_ The%20relevance%20of%20sagacious%20reasoning%20in%20 Africa%20philosophy%20.pdf?sequence=3&isAllowed=y>. Acesso em: 20 abr. 2020.

RAMOSE, M. **African Philosophy through Ubuntu**. Harare: Mond Books Publishers, 2002.

RIBEIRO, D. A Lei 10.639/03 como potencial decolonizadora do currículo: tessituras e impasses. **Revista Educação Unisinos**, São Leopoldo, v. 23, n. 2, p. 301-315, 2019. Disponível em: <http://revistas.unisinos.br/index.php/educacao/article/view/ edu.2019.232.07>. Acesso em: 4 abr. 2020.

SANTANA, J. **A Lei 10.639/03 e o ensino de artes nas séries iniciais**: políticas afirmativas e folclorização racista. 251 f. Tese (Doutorado em Educação) – Universidade Federal do Paraná, Curitiba, 2010. Disponível em: <http://www.ppge.ufpr.br/teses/ D10_santana.pdf>. Acesso em: 20 abr. 2020.

SANTOS JUNIOR, R. N. dos. Afrocentricidade e educação: os princípios gerais para um currículo afrocentrado. **Revista África e Africanidades**, ano 3, n. 11, p. 1-16, nov. 2010. Disponível em: <http://www.africaeafricanidades.com.br/ documentos/01112010_02.pdf>. Acesso em: 20 abr. 2020.

SANTOS, J. T. dos. O negro no espelho: imagens e discursos nos salões de beleza étnicos. **Estudos Afro-Asiáticos**, n. 38, p. 49-65, 2000. Disponível em: <http://www.scielo.br/scielo. php?script=sci_arttext&pid=S0101-546X2000000200003>. Acesso em: 20 abr. 2020.

SÃO PAULO. Secretaria de Cultura e Economia Criativa. Museu Afro Brasil. **Abdias Nascimento**. Disponível em: <http://www.museu afrobrasil.org.br/pesquisa/hist%C3%B3ria-e-mem%C3%B3ria/ historia-e-memoria/2014/12/10/abdias-nascimento>. Acesso em: 20 abr. 2020.

SILVÉRIO, V. R. (Coord.). **Síntese da coleção história geral da África**: pré-história ao século XVI. Brasília: Unesco; MEC; Ufscar, 2013.

SORRY, C. E. **Sékou Touré**: L'ange Exterminateur – un Passé à Dépasser. Paris: L'Harmattan, 2000.

TEMPELS, P. **Bantu Philosophy**. Paris: Présence Africaine, 1959. (Série Collection Présence Africaine).

TERRY-COLEMAN, S. **Kwanzaa, a Celebration of Community, Family and Culture**. Disponível em: <http://kwanzaacoloring book.com/KCCF.pdf>. Acesso em: 20 abr. 2020.

UNIVERSITY OF LOUISVILLE. **D. A. Masolo**: Professor Philosophy, Distinguished University Scholar. Disponível em: <https://louisville.edu/philosophy/People/faculty-profile-pages/ dismas-masolo>. Acesso em: 20 abr. 2020.

VENTER, D. **The Imperatives of Democracy, Governance and Leadership in the Fight against Corruption in Africa**: A South African Perspective. 8 Aug. 2012. Disponível em: <https:// ameppa.org/wp-content/uploads/2018/02/democracy.pdf>. Acesso em: 20 abr. 2020.

VIANA, G. Professora é vítima de preconceito racial em BH: 'Você faz faxina?'. **O Globo**, 21 jul. 2017. Disponível em: <https://oglobo.globo.com/sociedade/professora-vitima-de-preconceito-racial-em-bh-voce-faz-faxina-21617009 #ixzz5QKMgpcWP>. Acessado em: 20 dez. 2019.

VRANČIĆ, F. La Négritude dans Cahier d'un Retour au Pays Natal d'Aimé Césaire. **Études Romanes de Brno**, Zadar, v. 35, n. 1, p. 193-206. 2012. Disponível em: <https://digilib. phil.muni.cz/bitstream/handle/11222.digilib/134040/1_ EtudesRomanesDeBrno_45-2015-1_13.pdf?sequence=1>. Acesso em: 20 abr. 2020.

WIREDU, K. The Concept of Truth in the Akan Language. In: COETZEE, P. H.; ROUX, A. P. J. **The African Philosophy Reader**. London: Routledge, 2003.

bibliografia comentada

CÉSAIRE, A. **Discurso sobre o colonialismo.** Tradução de Mario de Andrade. Lisboa: Sá da Costa, 1978.

O autor aborda a colonização europeia e seus impactos nos povos colonizados. Césaire, ativista e pensador martiniquense, ressalta o papel da filosofia e dos intelectuais para embasar os movimentos de libertação.

DU BOIS, W. E. B. **As almas do povo negro.** Tradução de José Luis Pereira da Costa. 3 out. 1998. Disponível em: <https://afrocen tricidade.files.wordpress.com/2016/04/as-almas-do-povo-negro-w-e-b-du-bois.pdf>. Acesso em: 20 abr. 2020.

Este livro é um clássico da literatura afro-americana. Combinando elementos ensaísticos e históricos, o autor descreve a vida do povo negro entre o final do século XIX e o início do século XX.

MAGNOLI, D. **Uma gota de sangue:** história do pensamento racial. São Paulo: Contexto, 2009.

Trata-se de uma obra importante sobre o conceito de raça, embora teça uma crítica antropológica veemente, que não economiza acidez com relação às posturas racialistas. O autor não se atém somente à problematização do conceito de raça, mas também problematiza os substitutivos do termo *raça* – a saber, *etnia*.

NASCIMENTO, A. do. **O negro revoltado.** 2. ed. Rio de Janeiro: Nova Fronteira, 1982.

Trata-se de um estudo relevante sobre o pensamento antinegro no Brasil e no mundo. O autor, que também foi senador da República, aponta a postura racialista estratificada nas várias camadas do poder, impedindo os avanços da mobilização negra.

SILVA, A. da C. e. **A enxada e a lança:** a África antes dos portugueses. Rio de Janeiro: Nova Fronteira, 2011.

O livro descreve a geografia, a história e a antropologia dos povos africanos. A pesquisa local permitiu ao autor tratar de diversos detalhes da vida africana.

TEMPELS, P. **Ontologia bantu:** o comportamento dos bantus – ele se concentra em um único valor: a força vital. Disponível em: <https://filosofiapop.com.br/wp-content/uploads/2017/04/Ontologia-Bantu.pdf>. Acesso em: 20 abr. 2020.

Nesse texto, o autor busca demonstrar que o conjunto relativo ao modo de ser do povo em questão tem por fundamento um único elemento: a força vital. Tempels centra seus argumentos na identificação da essência dos povos intitulados a partir da denominação *bantu* e, com base nessa identidade referida, procura mostrar como a conduta, os valores e as relações sociais acontecem em uma comunidade centrada na força vital.

respostas

CAPÍTULO 1

Atividades de autoavaliação

1. a
2. c
3. b

4. a

5. c

Atividades de aprendizagem

Questões para reflexão

1. **Resposta esperada**: O objetivo dessa questão é elaborar uma síntese da acepção de negritude como um sentimento de pertença do indivíduo negro, de modo que se adote uma postura quanto ao debate sobre a problemática da identidade negra a ser assumida. A negritude é uma identidade forjada não apenas pela literatura africana – isto é, uma noção puramente teórica/especulativa sem aplicação prática. Contudo, refere-se a um conceito que aparece em livros e outros escritos e que ganha mídia por se tratar de uma ideologização da essência inerente a toda pessoa negra. Com a identificação do negro junto à sua negritude, destacam-se as polêmicas relativas ao confronto com a sociedade racista, que fomenta uma escrita de protesto, testemunhos e ataques diretos ao pensamento e às práticas colonialistas. Na contramão do conceito de negritude, é possível citar a persistência do uso do termo *morena(o)* para definir uma pessoa de cor. Isso revela alguém que não quer assumir o ser negro inerente à sua pessoa. Para tanto, os motivos podem ser inúmeros – embora não precisem ser expostos – e eles reforçam a estrutura social racista que precisa ser denunciada e encerrada.

2. **Resposta esperada**: o objetivo dessa questão é enfatizar que a condição de escravizado era comum a praticamente todos os negros que rumaram ao nosso país, embora cada indivíduo tivesse sua peculiaridade. Além disso, as marcas identitárias dos grupos (como o idioma e a cultura) que chegaram aqui foram apagadas com o tempo. Essa situação era desejada pelos escravagistas, que não queriam uma comunicação fluente entre os escravizados, para evitar possíveis organizações de resistência.

CAPÍTULO 2

Atividades de autoavaliação

1. c
2. a
3. b
4. d
5. a

Atividades de aprendizagem

Questões para reflexão

1. **Resposta esperada**: o objetivo dessa questão é voltar ao texto e confrontá-lo diante do problema proposto. Kagame primeiramente busca propor uma análise da linguagem e da cultura kinyarwanda, a fim de demonstrar que o idioma e a cultura de seu povo estão voltados à noção de poder, não apenas no sentido ontológico, mas também nos aspectos ético, político e mesmo fisiológico. Nisso, a aproximação com Tempels é inegável. Contudo, ao evidenciar que também a partir da linguagem de seu grupo étnico é possível estabelecer conceitos diferentes, o sentido de uma ideia se verifica de modo peculiar em determinada cultura, e isso modifica substancialmente a maneira como esse povo vive a realidade e reflete sobre ela. Desse modo, ao afirmar que o povo bantu, em geral, concebe sua existência e suas relações identitárias a partir da noção de poder, tal noção torna-se um elemento de homogeneidade entre as nações bantu. No entanto, resta estabelecer a maneira como cada nação entende ou remete ao significado da noção de poder.

2. **Resposta esperada**: o objetivo dessa questão é elaborar uma síntese da proposta filosófica de Alexis Kagame. Para dimensionar a relevância do trabalho de Kagame, é preciso ter em mente que ele almejou

superar, em seu tempo – e também para atualidade –, as preconcepções que permeavam o campo do conhecimento filosófico, bem
como todo o terreno do saber – cujo centro e parâmetro voltam-se
para a Europa. Assim, Kagame pretendeu tornar valorativa a análise
realizada sobre essa prática, pois não só desprezou as perspectivas
que não se dobraram ao olhar eurocêntrico, mas também fez de
tudo para impedir que qualquer peculiaridade não europeia viesse
à luz. Seu objetivo foi, além de valorizar positivamente a filosofia e
a cultura africanas, denunciar a malfadada prática que se verifica
ainda nos dias atuais. Dessa forma, o trabalho de Alexis Kagame,
exatamente por ser um prolongamento crítico das teses etnofilo-
sóficas, também é passível de crítica. Contudo, ele é relevante não
apenas por isso, mas porque, ao tratar da problemática africanista,
abriu margem para qualquer outro campo de pesquisa tido como
periférico até o momento (a exemplo da filosofia caribenha ou da
filosofia sulamericana). Assim, essas concepções encontram no
autor citado um fôlego a mais para se contrapor ao eurocentrismo
e, desse modo, ter seus trabalhos e suas reflexões compartilhadas
em todo o mundo.

CAPÍTULO 3

Atividades de autoavaliação

1. b
2. c
3. a
4. b
5. c

Atividades de aprendizagem

Questões para reflexão

1. **Resposta esperada:** o objetivo dessa questão é formular uma síntese sobre o argumento que envolve a temática da sagacidade filosófica. Para inicialmente pontuar um problema de metodologia na proposta da filosofia da sagacidade, Masolo adverte que o meio (método – entrevistas com os supostamente sábios) usado por Oruka para confirmar sua tese faz com que o resultado seja questionável. Isso porque consiste em entrevistar alguém indicado como sábio para confirmar sua sabedoria. Nesse caso, não há confronto ou contraponto para medir a não sabedoria. No entanto, uma pesquisa que almeja suscitar conhecimento crítico e científico não poderia utilizar meios que apenas atestem a tese inicial e, sob nenhuma hipótese, não a contrariem. Diferentemente de Masolo, a crítica de Oseghare (apesar de mostrar os limites da proposta de Oruka) ressalta a validade dos argumentos do criador da filosofia da sagacidade, principalmente ampliando a perspectiva de como os costumes africanos julgam a sabedoria de alguém.

2. **Resposta esperada:** o objetivo dessa questão é refletir sintetizadamente sobre a ideia que sustenta a celebração do Kwanzaa, fundamentada a partir da visão pan-africanista. Sob essa ótica, deve-se entender que o Kwanzaa é uma celebração da identidade africana que remete à noção de pertencimento ao povo negro. A promoção da celebração é uma referência pan-africana que retoma as origens afros nas mais variadas nações que tiveram em sua formação pessoas negras contribuindo com a cultura, o desenvolvimento e a edificação de determinadas sociedades.

CAPÍTULO 4

Atividades de autoavaliação

1. c
2. d
3. b
4. a
5. a

Atividades de aprendizagem

Questões para reflexão

1. **Resposta esperada:** o objetivo dessa questão é diferenciar a formação que visa promover uma cultura emancipada dos princípios coloniais da cultura que culmina na importação de valores colonialistas. Deve-se perceber que, no estrangeirismo, os valores copiados fazem com que a comunidade local se desfragmente em desejos artificias impostos pela lógica consumista (capitalista), que tem por interesse o lucro, e não a humanização. Já em um sentido inverso, na educação voltada para o conhecimento, a crítica e a ressignificação dos valores nativos da própria cultura (no caso de cada etnia africana), o indivíduo é chamado a participar ativamente na construção da comunidade à qual pertence. Assim, não se trata apenas de assimilar ou decorar os valores, mas também de refletir criticamente e contribuir originalmente com a manutenção e o desenvolvimento cultural de toda a sociedade.

2. **Resposta esperada:** o objetivo dessa questão é evidenciar que o corpo negro é marcado por observações generalizantes que precedem sua manifestação fenomênica. Diante disso, é preciso posicionar-se frente ao prejulgamento feito ao corpo ou às manifestações artísticas (e também de outras áreas da vida, como religião e linguagem,

por exemplo) de origem afro. Para salientar os lados, é importante contemplar na questão que, antes mesmo de aparecer ou se dar a conhecer, o negro já traz consigo todo um passado (vivido por seus ancestrais), o qual, para a maioria, apenas tem relação direta com motivos de desapreço ou vergonha. No entanto, aqueles que conhecem a real história do negro nos mais diversos cantos do mundo sabem que o negro não tem do que se envergonhar. Outra reflexão que pode surgir diz respeito aos enunciados segundo os quais a discriminação sentida pelo negro, com relação à estética, não provém da condição do negro ou da preconcepção a seu respeito, mas do fato de que qualquer julgamento estético pressupõe um gosto que é subjetivo. A primeira reflexão é preferível, embora seja mais incomum, e pode ser alcançada somente por aqueles que captaram a nuance da estética negra. Contudo, ambas são interessantes para iniciar o debate sobre a temática.

CAPÍTULO 5

Atividades de autoavaliação

1. d
2. b
3. a
4. d
5. d

Atividades de aprendizagem

Questões para reflexão

1. **Resposta esperada:** o objetivo dessa questão é identificar os pressupostos que permeavam o ideário do colonizador, bem como a resposta resiliente que o colonizado produziu contra a coisificação

(tornar o humano uma coisa) de seu ser. Para o colonizador europeu, todos os indivíduos que não partilhavam de sua tábua de valores (estéticos, morais, religiosos, sociais, econômicos etc.) – ou seja, todo não europeu – estaria submisso ao seu julgo. A fim de se contraporem a tal perspectiva, que submetia os indivíduos e os povos aos crivos de seus juízes (nada imparciais), a atuação dos propagadores e defensores da visão humanista africana foi fundamental. Seu objetivo era evidenciar a irracionalidade da lógica colonialista, além de propagar o ultraje humanitário que era praticado mediante essa tentativa de racionalização.

2. **Resposta esperada**: o objetivo dessa questão é distinguir a posição marxista dos líderes africanos. Logo, dizer que a África é um continente de proletariado significa afirmar que a condição de exploração pós-colonialista não terminou de fato. Uma vez encerrada a exploração tida como "legal" pela exploração das riquezas furtadas, a questão econômica dos grandes capitais de investimentos e exploração passa a ser o pagamento de um salário de exploração ao trabalhador. Nessa lógica, ou o trabalhador se submete a receber uma miséria (incapaz de suprir suas necessidades básicas) ou ele permanece sem emprego em razão da grande oferta de mão de obra. Em suma, tal crítica consiste no fato de que os trabalhadores que vivem essa realidade devem unir-se para oferecer uma resistência à lógica do mercado que os explora como proletários. No entanto, ela também detém um caráter de identificação e de força na união do proletariado como um corpo coletivo a favor de todos que vivem a mesma situação.

CAPÍTULO 6

Atividades de autoavaliação

1. b
2. a
3. c
4. a
5. d

Atividades de aprendizagem

Questões para reflexão

1. **Resposta esperada:** o objetivo dessa questão é, principalmente, perceber que a promulgação de uma lei não garante a efetividade do que ela visa estabelecer. Assim, deve-se elencar os elementos que são impeditivos ao cumprimento da referida legislação e trazer justificativas que permitam verificar que há descumprimento legal. Sob essa ótica, é preciso destacar o que apresenta a lei e suas justificativas, principalmente considerando a condição sociocultural que busca resgatar o seguinte dado importante: o Brasil tornou-se possível a partir da contribuição da população negra com relação ao conhecimento e ao trabalho. Já no tocante à realidade em sala de aula, deve ser apontada a falta de preparo dos docentes como principal escusa para a efetividade da lei. Contudo, é preciso compreender (por meio das conclusões do pesquisador Jair Santana) que tal despreparo é um retrato do desinteresse da população em geral.

2. **Resposta esperada:** o objetivo dessa atividade é relembrar a crítica histórica e sociocultural que a retomada da temática afro e afro-brasileira traz em qualquer exposição. Assim, embora reconheçamos a dificuldade em realizar o estabelecido na Lei n. 10.639/2003, precisamos ir ao encontro da história e da cultura afro que permitiram a

formação do povo brasileiro. Do contrário, será impossível encerrar as práticas racistas que permeiam o cotidiano da nação. Se aqueles que primeiramente devem ser educados sobre o assunto (os professores) buscarem educar-se, pois a estes cabe o ensino e o cultivo de saber, bem como a realização das práticas sociais de maior amplitude e benesse, é possível ter esperança de que as gerações futuras serão menos racistas que as de seus genitores.

sobre o autor

Ivan Luiz Monteiro é licenciado em Filosofia (PUCPR), especialista em Educação (UFPR) e Mestre em Filosofia (UFPR). É pesquisador e palestrante nas áreas de filosofia, ensino de filosofia, africanidades, fundamentos da educação, formação de docentes e cultura. Atua como técnico pedagógico de filosofia na Secretaria de Educação do Paraná, e também como professor de Ética na Faculdade Padre João Bagozzi.

Impressão:
Maio/2020